教育量化研究方法系列丛书

丛书主编 杨向东

问卷设计

徐国兴——

著

华东师范大学出版社

·上海·

图书在版编目（CIP）数据

问卷设计 / 徐国兴著.—上海：华东师范大学出
版社，2020
（教育量化研究方法系列丛书）
ISBN 978-7-5760-0152-5

Ⅰ.①问…　Ⅱ.①徐…　Ⅲ.①问卷法—研究　Ⅳ.
①C91-03

中国版本图书馆CIP数据核字（2020）第053020号

问卷设计

著　　者　徐国兴
责任编辑　师　文
特约审读　时方圆
责任校对　胡　静　时东明
装帧设计　俞　越

出版发行　华东师范大学出版社
社　　址　上海市中山北路3663号　邮编 200062
网　　址　www.ecnupress.com.cn
电　　话　021-60821666　行政传真 021-62572105
客服电话　021-62865537　门市（邮购）电话 021-62869887
地　　址　上海市中山北路3663号华东师范大学校内先锋路口
网　　店　http：//hdsdcbs.tmall.com

印刷者　浙江临安曙光印务有限公司
开　　本　787×1092　16开
印　　张　12
字　　数　130千字
版　　次　2020年8月第1版
印　　次　2022年9月第3次
书　　号　ISBN 978-7-5760-0152-5
定　　价　49.00元

出版人　王　焰

（如发现本版图书有印订质量问题,请寄回本社客服中心调换或电话021-62865537联系）

| 总　序 |

　　美国学生的数学基础差，似乎是一件大家都知晓的事情，甚至连美国研究生入学资格考试（Graduate Record Examination, 简称GRE）的数学，也才相当于我国初中二三年级的知识水平。记得当年在美国读博士的时候，我选修了一门结构方程建模的课程。授课老师在一次课上问大家15×15等于多少，全场鸦雀无声，有人就开始翻找计算器，这时我脱口而出说答案是225，结果包括授课老师在内的所有人都盯着我，好像我完成了一件不可思议的事情一样。这样想来，我国学生量化研究方法应该学得比较好才对，因为我们有比较好的数理基础。事实上，我周围的美国研究生同学量化研究方法也都掌握得非常好。即便不是攻读量化方法专业的同学[①]，也都能够熟练地运用各种复杂的数据分析方法和测量技术，开展科学严谨的学术研究。相比之下，我在给国内一年级研究生开设"教育统计基础"这门课的时候，虽然很多学生说他们之前就学过这门课程，但还跑来听，是因为感觉当时只是学了一大堆概念和术语。虽然也接触过软件，分析过数据，但并不知道为什么要这样做，也不明白应该在什么情况下使用。等到真正做研

[①] 攻读量化方法专业的美国学生数理基础其实并不比中国学生差，在理解深度和灵活运用程度上甚至还更好。

究的时候，发现自己还是不明所以，不知所措。

这种情况让我反思了很长时间——究竟是什么原因导致了这种差异？我个人体会这种差异主要有以下两方面原因。

首先，不管是教材还是教学方法，都需要更注重让学生理解和运用研究方法，而不是集中在机械的书面知识或数学推导方面。更多的时候，要让学生有机会结合具体的、实质性的科研问题，熟悉和掌握科学研究的逻辑、思维和规范，学会如何灵活地利用研究方法"做"科研，解决在科研过程中遇到的各种实际问题。事实上，仅仅"知道"研究流程，或者"弄懂"统计方法背后的数学原理，并不能转化为学生实际的科研能力。对大多数非量化方法专业的学生来说，完全可以利用专门的统计软件解决"计算"的问题。要想真正让学生从研究方法课上受益，需要通过合理的教学方法，让他们能够对各种研究问题和方法背后的意义达到真正的理解，而真正的理解便是探究事实意义的结果。"掌握一个事物、事件或场景的意义，就是要观察它与其他事物的联系：观察它的运作方式和功能、产生的结果和原因以及如何应用。而那些我们称之为'无意义的事情'，是因为我们没有领悟到它们之间的联系。"①虽然掌握研究方法的知识或相关技能也是必要的，但是仅仅如此还不够。真正的理解意味着可迁移能力。它"包括搞清楚哪些知识和技能与当前问题有关，以及如何运用已有知识去处理当前面临的挑战"。②

---

① [美]约翰·杜威.我们怎样思维·经验与教育[M].姜文闵，译.北京：人民教育出版社，2005：118.
② [美]格兰特·维金斯，杰伊·麦克泰格.追求理解的教学设计（第二版）[M].闫寒冰，宋雪莲，赖平，译.上海：华东师范大学出版社，2017：44.

　　其次，很多人一谈到量化研究方法课，好像就是要学习统计方法。统计方法固然是教育量化研究方法中的重要构成，但并不是教育量化研究方法的全部。总的来讲，教育或心理领域中的量化研究方法大致可以分为研究设计（research design）、统计方法（statistical method）、测量理论（measurement theory）和教育评价（educational evaluation）四个分支，其中：

　　（1）研究设计主要涉及实验或准实验设计、单一被试研究、观察研究等不同研究类型的概念、逻辑与规范等。不同研究类型不仅在其所能揭示和回答的研究问题上有所差异，在具体设计和实施的方法上也各有不同。

　　（2）统计方法虽然是大家相对熟悉的，但随着该领域的快速发展，它已经从传统的几门课（描述统计、假设检验和回归分析）变成一个庞大的体系。随着研究主题复杂性的增加，结构方程建模、多水平模型、纵向数据分析以及缺失数据处理等统计方法和技术日益得到广泛应用，并成为教育领域开展研究不可或缺的必要基础。

　　（3）与统计方法有所不同，测量理论旨在通过一系列的原则和方法，建立教育研究所关心的重要变量或属性的测量尺度，并依据该尺度描述和分析不同研究对象、个体或群体在这些变量或属性上的表现特征、发展水平和变化趋势。从经典测量理论、概化理论到现代测量理论（项目反应理论、认知诊断理论），测量理论在基本假设、理论体系和研究范式上都发生了深刻的变化。①现代测验编制理论，如循证测

① R. L. Brennan. *Educational Measurement (4th edition)*[M]. sponsored jointly by National Council on Measurement in Education and American Council on Education. Westport, CONN: Praeger Publishers, 2006.

验设计模式（evidence-centered assessment design）等，不仅提供了整合教育中的实质理论、测验设计和测量模型的框架基础，也将社会文化观、现代信息技术等纳入到一个系统的理论体系中来。[①]

（4）在我国，教育评价常常被误解为等同于测量理论和教育测评，其实，它代表了一个非常活跃但有着不同研究范式的领域。与测量理论相比，教育评价更像是上述三个方法分支的整合。针对教育领域中的各种项目、机构和政策进行的评价，需要根据特定的问题和需求展开，综合采用质性或量化的各种研究设计，测量各种关键变量或属性，收集相应的资料或数据，根据问题或功能确定合适的统计方法，以期达到对评价对象价值和优点的系统考察。[②]研究设计、统计方法、测量理论和教育评价四个分支既自成体系，可以细分为不同的课程，又彼此交叉，相互补充。从这个角度来审视我们既有的研究方法课程，还存在很多有待改进和完善的地方。

有鉴于此，自2016年伊始，华东师范大学教育学部由我牵头组建了教师团队，在借鉴国际高水平研究型大学相关课程设置的基础上，构建系统的教育量化研究方法课程体系。在此基础上，改革教学方式，遵循教育问题量化研究的实践逻辑，借助于问题讨论、案例分析、实践操作、文献研读等方式，让学生在了解和熟悉各种研究设计的基本原理及其应用的同时，能够运用量化研究思维、方法和技术进行具体教育问题的设计和实施。此外，还要求学生阅读包含量化研究方法的

---

① R. J. Mislevy. *Sociocognitive Foundations of Educational Measurement*[M]. New York, NY : Routledge, 2018.

② Joint Committee on Standards for Educational Evaluation. *Standards for Evaluations of Educational Programs, Projects, and Materials*[M]. New York, NY: McGraw-Hill, 1981.

学术文献，学会量化研究科研论文的写作规范，以期能够满足教育领域或人文社科领域研究生的实际需求。作为课程设计的组成部分，我们组织编写了这套教育量化研究方法系列丛书。

本系列丛书第一辑包括8本，每本总字数控制在10万字左右，主题涉及研究设计、数据统计、测量方法和科研论文写作等内容。丛书作者大都是华东师范大学教育学部的中青年学者，他们或接受过系统的量化研究训练，或在该领域从事过多年的研究工作，具有精湛的专业水准和实践经验。为了更好地实现设计初衷，丛书在编写原则上，强调突出思想方法的渗透和实际问题解决能力的培养，要求深入浅出、通俗易懂，围绕学生开展实际科研时的逻辑、任务和问题展开，避免知识的灌输和罗列。在专题内容的组织和编排方式上，以案例分析为主，每本书精选若干个研究案例，通过案例（或问题）的分析，按照螺旋上升的方式呈现相关内容，实现由浅入深、循序渐进的编排意图。案例（或问题）的选择尽量兼顾不同专业学生的情况和需求，兼顾具体案例分析和所涉及的研究方法逻辑与规范的呈现。同时，提供若干结构化的拓展案例或文献，以便学生阅读和比较，形成更好的理解。

本系列丛书适合教育、心理及其他社会科学领域的大学生、研究生，以及对教育量化研究方法感兴趣的研究人员与实践工作者阅读和使用。我们希望这套丛书能够引导大家走进量化研究的世界，促进我国教育研究范式的转型，助力我国教育实证研究规范程度和质量水平的提升。

杨向东

2020 年 5 月 28 日

　　多年来，本人一直承担教育学硕士研究生的教育研究方法课程的教学工作。在这期间，我国教育科学迅速发展，研究水平日益提升。时至今日，教育学研究方法的体系与内容已完全非旧时可比，尤其是学科体系分化和课程内容专门化明显。我所任教的课程名称范围的不断缩小就是明证：从最初的"教育研究方法"缩小为"教育研究中的定量研究方法"，再到现在的"教育定量研究之问卷调查"。"教育定量研究之问卷调查"是华东师范大学教育学部硕士研究生大类培养课程改革的成果之一。仅就此名称变化来看，硕士研究生大类培养改革也不是尽如担忧者所想象的那样——一味指向高大上。应该说，目前该课程已经渡过了"呀呀学语"的生命阶段，尽管未来路途尚显遥远。本书最初是作为"教育定量研究之问卷调查"课程的配套教材而设计的。但是，在撰写过程中经与无数冷峻现实的碰撞，设计思路自然就发生了较大变化。有几个问题一直萦绕且困扰于心。首先，冠以"问卷调查"之名的书籍即使限于华东师范大学图书馆之内馆藏的教材，包括中文版与外文版，恐怕至少也以数十上百而计。还有任何理论或实际的必要再撰写一本吗？其次，目前本人任教的"教育定量研究之问卷调查"这门课总计只有1学分（共计18学时），分六次授课，即这本书只能讲述六个应该既密切相关而又相对独立的章节。这样的课程的配套教科书命中注定只能是薄薄一册，在国内外教科书越来越厚的趋势下，它能够或者说有幸经受住这个时代的洗礼与考验吗？再次，根据教育学专业培养方案中的课程表，教育学本科阶段要求系统学习和必修"教育研究方法"，硕士研究生阶段也要求学习和必修类似的课程，博士研究生阶段也有类似课程。但包括我在内的相当多的研究者似乎也不敢确信，或者说正在反思这类课程的课堂学习和知识熟习于己于人的教育教学人生究竟有多大的促进作用。[1]正如杨向东博士所说，这样的课程与教学，显然并没有完全实现预期的知识技能传授方面的重要教学目的。撰写此类教科书，若被有些思想懒散者用于教授或学习此类效用本就难以明确定义的相应课程，则无心之过莫大焉。几番思考后，最终确定了关于本书的设计：第一，就内容而言，本书集中于"问卷设计"。第二，就切入点而言，本书从本人进行问卷调查的研究实践出发，以经验总结为主，既有的知识体系介绍为辅。第三，就风格而言，本书在功能上的基本定位不是上述问卷调查方法课程的同步配套教材，而是帮助研究生[2]深化同类课程学习和进行相应练习的教育科研的实践指导书。第四，就目的而言，争取让本书成为教育学类硕士研究生进行问卷设计这一学术研究实践的核心指南或类似的入门级读物。也就是说，在学术研究的过程中，当教育学类硕士研究生不得不设计问卷时[3]，如果碰到自己并不十分确信的有关问卷设计方面的"纯"技术问题，只要翻开本书的相关章节，就能立即得到不同程度的

---

[1] 这里仅仅从知识学习和知识获得的角度而言。
[2] 这里主要指教育学类硕士研究生。
[3] 在教育学领域的学术研究中，问卷调查作为工具和方法均有其特殊的适用范围。并非所有的研究题目都能够通过问卷调查来完成，也并非所有的学术研究目的都能够通过问卷调查这一种方式来顺利地实现。

合理解答，至少是一些有益的启发或能够寻找答案的明确线索。基于这样的教学和学习上的略带实用主义色彩的思考，本人预设了如下两个撰写原则。

第一，以做导学。在撰写上，以自己做过的实际案例来说明问卷设计的程序和方法，并用一个研究议题贯穿整本书的前前后后。该研究议题为"本科生学习方式对学习行为的影响"。本书各章基本上围绕这个议题来展开问卷设计的基本原则和具体方法的系统介绍。这就相应要求，教学中预期的学习者的基本行为表现首先应是认真练习如何设计问卷，而不是学习和掌握问卷设计的系统知识。从相应的学习过程而言，这就要求学习者务必从试做出发，然后在反复试误中获得实践知，最终从实践知中抽象出概念知。这样获得的理论知识就显得血肉比较丰满，也才具有较高的迁移与转化的实际价值。朱子曰："纸上得来终觉浅，绝知此事要躬行"，诚为至理。

第二，把问卷的结构、问卷设计过程的结构和"教育定量研究之问卷调查"课程课时安排的结构统一起来，使本书的全部内容恰好分为六章。具体如下：第一章，问卷概述。从研究范式、数据收集方式和数据收集工具三个角度解析问卷的基本特征。第二章，设问的基本原则。简述如何选择合适的理论框架以供设问之用，以及提问和答项设计的基本要求。第三章，行为类问题设计。这是本书的核心部分，详细分析了社会中性行为、社会威胁行为和教育领域中特有的学习结果相关的调查问题设计的基本原则与具体方法。第四章，心理类问题设计。主要借鉴教育心理学和社会心理学中相关研究的问题设计的经验，详细分析了学习方式，学习、校园生活等相关的态度类的调查问题设计的基本原则和具体方法。第五章，个体属性类问题设计。学生的个体属性特征，如性别、智力和家庭背景，一般被研究者认为是铸造个体学习心理、影响学习行为和决定学业成绩的最重要因素，但有关信息却很难精确地测量和获取。本章分析如何设计更高质量的调查问题，从而能够更加有效和精确地获取个体属性相关的基本信息。第六章，整卷设计。分析如何组织和安排已经设计好的上述各类具体调查问题；同时，简单介绍两种保障问卷质量的实用手段——前测访谈和试调查。

本书最初预想的读者大致有三类。首先，本书可以作为修读"教育定量研究之问卷调查"的硕士研究生的课程学习参考书。其次，本书也能够带给其他类型的使用者在问卷设计上的实际帮助。建议这一类使用者可以先通读全书，在此基础上，针对自己在问卷设计中存在的实际问题，仔细研读相关章节。再次，对于只想通过快速浏览而粗略获得问卷设计知识的一部分读者来说，本书开卷也应该有所裨益。当然，在网络通信手段如此发达和多样化的今天，读者也可以直接与我就某些问题进行交流和讨论（个人邮箱：xuguoxingxgx@qq.com）。另外，还想在这里着重说明的一点是，尽管本书初衷是为教育类硕士研究生的课程而作，但是在撰写过程中，实际上也认真考虑了非教育类硕士研究生以及教育类本科生课程和博士研究生课程等不同种类、不同层次的在校大学生对获取问卷调查的基本知识技能的迫切的现实需要，尽量覆盖当前高校中较多的读者群。在这一点上，本人颇有远大理想，希望将来有一天本书能够成为人手一册的万能工具书。

因篇幅所限，本书各章未对具体引文出处详细说明，还有很多研究者的专著和论文也对本书的顺利撰写大有启迪与帮助。在此，对本书所使用——直接引用或原意化用——文献的各位作者一并致谢，并把文献附录于书后。本书是华东师范大学教育学部硕士研究生课程改革的成果之一，为此，我要向设计和领导这场改革的学部领导，特别是课程建设团队负责人杨向东博士和时任教学部主任白芸博士致以深深的感谢和由衷的敬意。平心而论，如若没有两位老师高屋建瓴的创新构思，实际工作上的积极引领和日常行动上的全身心投入，这套系列丛书恐怕很难成形，更不要想象能够顺利出版了，尤其是本书，绝无面世的可能。华东师范大学高等教育研究所硕士研究生鹿文丽同学帮助收集了本书的部分资料，并非常认真地校对了初稿。她对学术工作的严谨认真让我大为感动，也促使我及时修正了对当前我国研究生群体的学习者形象略显偏颇的、在某种程度而言近乎偏执的若干认识。最后，特别要感谢华东师范大学出版社的支持和建议，为本书顺利出版谱写了一曲最完美的终章。衷心祈愿这些形式上的升华能够一定程度地弥补——至少可以掩饰本书内容上的某些缺憾。

徐国兴

于华东师范大学

2020 年初春

目 录

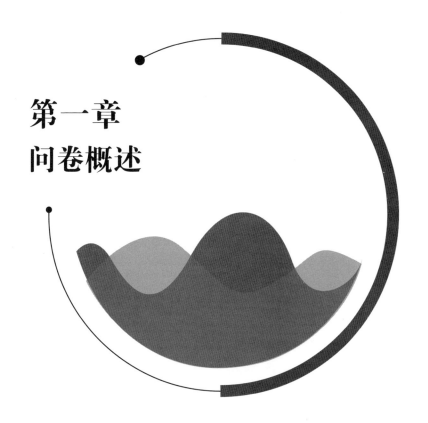

第一章
问卷概述

当前，各种问卷调查铺天盖地，且种类繁多，令人眼花缭乱。所以，有研究者曾半认真半戏谑地说当前是一个问卷至上主义的学术研究时代。为了便于说明，本书中的问卷调查特指使用于严肃的学术研究中，并且设计相对严格的问卷调查。这种问卷调查方式，其实并没有那么流行，而且，相应的研究成果也不多见。另外，从当前的研究现实来看，那些对自己要求严格的学者也不会仅仅使用问卷调查这一种方式来进行学术研究。

在严格的学术研究中，科学性较强的问卷调查与社会上流行的问卷调查的根本区别在于调查的基本目的不同。学术研究取向的问卷调查的最终目的是检验或探索一种崭新（至少在某个侧面）的理论假设；而一般性的非学术性问卷调查多用于把握调查者（或调查的发起者、委托者、资金提供者）非常关心的某种社会现状的基本特征。从这个角度来说，很多大型调查虽然学术影响广泛，但其调查目的定位模糊，因而也不宜归入学术性问卷调查之列。

与此同时，尽管学术研究中的问卷调查的科学性较强，内涵相对清晰，但是，当学者说起"问卷"一词的时候，仍有可能在谈论不同层次，但是又紧密联系的事物。概而言之，在社会科学中，问卷主要有以下三种含义：作为一种研究范式、作为一种数据收集方式和作为一种数据收集工具。以下各节将对"问卷"的这三种含义作分别说明。

第一节　问卷作为一种研究范式

一、概念

首先，"问卷"的一个最基本的含义是指问卷调查研究范式（paradigm）[①]。具体来说，它是如下的一种研究过程：研究者根据既有的研究成果，形成一定的理论假设，从该理论假设出发，通过问卷调查的方式来获取合适的定量数据，然后采取与假设检验相适应的统计分析方法和程序对所获数据进行科学处理。在此数据处理的基础上，通过与预设假设的既定程序性的对照，概括出被调查的社会现象的某些属性[②]（至少两个）的总体特征，合理地进行某种统计水平的因果关系（至少两个变量间）的推断，并对该因果关系进行一定程度的创造性的理论解释。问卷调查作为一种定量研究范式，目前在社会科学研究中运用得最为广泛。

对于社会科学中定量研究范式的类型，不同研究者有不同的认识和归类。威廉·维尔斯曼（William Wiersma）等人在《教育研究方法导

[①] "范式"经美国科学史家托马斯·库恩使用后，遂成社会科学的一个经典词汇，甚至风靡于学术界之外。相应地，视其普遍使用为滥用的批评者也很多。本章无意于辨析其确切内涵和实际功用如何，仅仅"借用"它来指在定量研究中相对稳定的工具、技术、方法和程序的方法论上的综合体。参见托马斯·库恩（Thomas S. Kuhn）. 科学革命的结构[M]. 金吾伦，胡新和，译. 北京：北京大学出版社，2012：1–43.

[②] 在定量研究中，"社会现象"、"现象特征"、"属性"和"变量"的外延依次缩小，而内涵逐渐清晰明确。本书中将之视为同义，并结合语境分别使用。参见 [美] 艾尔·巴比（Earl R. Babbie）. 社会研究方法[M]. 邱泽奇，译. 北京：华夏出版社，2009：120–178.

论》一书中，根据研究设计①的不同，把定量研究分为实验研究、准实验研究和非实验研究三类。实验研究与准实验研究最核心的区别在于，准实验研究受客观条件限制，无法对实验对象进行随机取样与分组。比如，当检验一种新型教学方法的教学效果时，只能使用现实中存在的年级和班级，而一般无法把年级和班级根据研究的特殊需要打乱，并重新分组。为此，有研究者认为，准实验研究无法随机取样和分组，这是它在研究效度或者说精确性上不如实验研究的关键所在。但实际上未必如此：在上例中，一方面，当进入准实验研究的班级数量逐渐增多时，样本的随机性和代表性也随之增强；另一方面，实验研究中的随机也是相对而言的，而且更多属于抽样程序上的随机，实质上未必具有真正的高随机性。所以，从方法论的核心上而言，二者本质上实为同类。这样，社会科学中的定量研究就可以归为实验研究和非实验研究两大类。与实验研究相对应，问卷调查研究属于非实验研究；同时，由于问卷调查是应用最为广泛的非实验研究范式，因此，在某种程度上可以说二者等义。

从实验研究到非实验研究，由数据概括出来的因果关系的可信程度依次降低。当然，这仅仅是可信程度的差异。在社会科学研究中，从实验研究得出的因果关系本质上也只能是近似的。至少与理工科的实验研究相比，可以这样说。②因此，在方法论上，把教育研究中的实验研究的结论视作确定的客观事实是错误的，至少是相当浅薄的。与

---

① 定量研究中的研究设计是一个多义的概念。它至少包括：整个研究计划的设计、控制方差设计、研究计划书设计三种基本含义。威廉·维尔斯曼等人首先对定量研究中的"研究设计"的概念进行了严格的界定。因此，从统计的角度而言，研究设计就是控制方差；一般而言，就是控制研究对象间的非期望的不一致程度。

② 在一定程度上，对于理工科研究中的实验研究的结论，也可以这么说。参见 Wiersma, William. *Research methods in education: an introduction* [M]. Boston: Pearson/Allyn and Bacon, 2009: 83−98.

此同时，非实验的调查研究也可以通过不断提高整体研究设计的质量来逼近客观，至少是逼近实验研究中得到的因果关系。对此，本节第三部分将对问卷调查研究中的不同设计进行详细分析。

另外，在当前的教育研究中，各种后现代主义理论盛行，如文化相对主义、女权主义、解释现象学等。虽然后现代主义理论流派众多，但实际上有很多共同之处。其中，最明显的一个共同点是：都否认客观实在。尽管后现代主义影响很大，也被权威研究者认为其在理论上有可取之处，不过本书暂不考虑这类观点。这是因为，迄今为止后现代思想仍多停留在思辨层面。

二、特征

与实验研究相比，问卷调查研究是事后追溯的、因果—比较的相关关系研究。

首先，问卷调查研究是事后追溯研究。之所以命名为"事后追溯研究"，顾名思义，是因为这类研究对研究对象属性特征的描述和因果关系的探索是在事件发生之后进行的。但是，其方法论的核心本质是，研究者不对变量进行任何程度或形式的操作处理。具有同样性质的定量研究有定量观察研究和定量历史研究等。当然，在问卷调查中，大多数时候也无法对变量进行操作处理。从时间角度而言，由于是从后往前的追溯，问卷调查研究对因果关系的推断，就包含一种研究者的主观臆断的危险性在内，这是其与实验研究的根本不同之处。

其次，问卷调查研究是因果—比较研究。在因果—比较研究中，研究者试图发现某种行为属性（设为属性B）的可能原因（设为属性A）或可能结果（设为属性C）；或者试图通过比较某种属性的程度差异（设为属性A），来确定这种属性的可能结果（设为属性B）。比如，某调查发现，本科生中英语水平的个体差异明显（属性B）。通过比较他们的英语学习方式发现，参加校外英语强化（属性A）的本科生普遍水平较高。就此可以推出，参加校外英语强化可能是促进本科生英语水平提升的重要因素（属性A→属性B）。再如，同一调查还发现，本科生英语学习努力程度的个体差异明显（属性A），大致有高、中、低之分。比较不同努力程度的本科生的英语学习成绩，就会发现学习越努力的本科生，其英语水平越高。由此可以推出结论，英语学习努力程度可能是英语水平提升的重要因素（属性A→属性B）。很多研究者或介绍研究方法的教科书都把事后追溯研究和因果—比较研究视为同义词。但二者所指重点实际上有明显不同：前者侧重于研究对象属性特征的出现及发展和研究本身之间的时间关系；后者则侧重于指一种数据的分析方法和分析程序，其实质是通过比较来推断因果关系，重点在比较方法的运用上。比较方法是保证定量研究结果科学性的核心所在。

问卷调查研究是对变量之间相关关系的研究。从非实验研究中得到的变量之间的统计关系，既然不能被视作因果关系，就只能停留在相关关系的层次上。相关关系从其数学本质而言，有统计相关关系和实质相关关系。例如，有人想研究1980—2019年的高等教育发展（以高等教育毛入学率为指标）与经济发展（以人均GDP为指标）之间的相关关系。如果一位研究者A计算德国的毛入学率和中国的人均GDP之间的相关，肯定能得到一个较高的相关系数。这是因为在这段时间内，世界上主要国家的高等教育和经济呈现同步高速增长的趋势。但是，这个相关关系只是纯粹的统计相关，并不表明具有同等的实质上的相关性。如果另一位研究者B统计分析中国的毛入学率和中国的人均

GDP之间的相关，也能得出一个较高的相关系数。这个相关系数就表达了一种实质相关关系。在这个例子中，统计相关关系与实质相关关系的区别相对容易。但是，要准确区分二者实际上并不容易。[①]正因为此，在一些档次甚高的学术杂志上才会出现很多方法高超且分析程序严谨，看似无懈可击，但实际上结论甚至有些荒诞的论文。同时，在严格的学术研究中，仅仅确认了变量A与变量B之间存在实质相关关系还远远不够，没有研究会以此为最终目的，还需要进一步深入，以发现该实质相关关系中可能的因果关系。所以，研究者不仅会把研究焦点准确地针对实质相关关系，还总是希望从实质相关关系中，尽可能地寻找到相应的因果关系。要想实现这个目标，需要从多个侧面入手。其中的一个重要方面，是在研究设计阶段把时间因素考虑在内。

三、设计

（一）历时研究

考虑到时间因素，注重属性出现和发展过程的研究设计叫作历时研究。历时研究根据其考虑时间因素的严格程度可进一步分为纯粹历时研究和近似历时研究。一般而言，在社会科学中，现在大多数研究者所说的历时研究常常仅指前者。纯粹历时研究又包含三个亚种：趋势研究、同期群研究和专门小组研究。历时研究收集数据的时间点不限于两个，可以有很多，但至少要两个。本书仅选取两个时间点为例

---

① 这里，把德国人均GDP与中国高等教育入学率的相关视为统计相关关系、中国人均GDP与中国高等教育入学率的相关视为实质相关关系，也只是一种经验性的区分，而非建立在科学研究基础上的严格的理论区分。如果德国经济社会与中国经济社会存在较强的共生关系，也许二者的相关关系就属于实质相关关系。至于中国人均GDP与中国高等教育入学率之间的相关关系是否具有实质性，学界至今仍有不同意见。

来说明。与纯粹历时研究相比，近似历时研究设计的实践意义更为广泛。不过，近似历时研究的基本设计原理与纯粹历时研究大致相同。

1. 趋势研究

趋势研究是对一般总体内部某属性历时变化的研究。比如，上述对我国高等教育发展规模的研究。如果只研究一个属性，那就是对属性特征变化的统计描述。统计描述研究尽管也很重要，是因果关系推断的基础，但本书则不关注属性特征描述，而关注属性之间的因果关系。既然是属性之间的因果关系，那就必须至少有两个属性存在。本书为了方便说明，仅取两个属性的例子。上述我国高等教育发展和经济发展之间关系的研究就是一个典型例子。可以取 1999 年和 2019 年的数据，通过比较得出二者的相关关系。在实际研究中，为了使研究结果更具说服力，很多研究者不仅仅取两个时间点，而是取很多的连续时间点，比如从 1999 年、2000 年、2001 年……直到 2019 年。所有的同类研究都表明，高等教育发展和经济发展之间密切相关。但从这种相关关系中无法明确地推断出因果关系。对此，有人解释说，是高等教育发展促进了经济发展，也有人解释说是经济发展促进了高等教育的发展。

2. 同期群研究

同期群研究是指对亚总体或世代某属性历时变化的研究。比如，针对我国 1999 年入学的本科生毕业后生涯发展，尤其是就业状况的调查。尽管第一次抽取的样本与第二次、第三次……第 n 次抽取的样本未必相同，但抽取的样本都是该年入学的本科生。还需要注意的一点是，与趋势研究相比，同期群研究的总体一定是一个具有特殊社会意义的总体。1999 年是我国高校扩招的第一年，所以对该年入学的本科生的跟踪调查具有高度的理论、政策和实践意义。除此之外，同期群研究的其他方面都与趋势研究类似。总之，这种研究目前似乎多用于统计描述，对把握因果关系的促进作用也不大。未见有经典意义的研究成果出现。

3. 专门小组研究

专门小组研究要求在研究之初，就明确选择一些固定的样本，并在以后每次调查的时间点，都调查同一个样本群体，这是它与同期群研究的不同之处。仍以我国1999年入学的本科生毕业后生涯发展，尤其是就业状况的调查为例。如果第一次抽取的样本与第二次，甚至第三次……第n次抽取的样本完全相同，那就是专门小组研究。对于本书设定的研究目的来说，只有专门研究设计才符合探索因果关系的时间变化的需要。从研究设计的角度来看，专门小组研究设计可以通过预设和调查尽可能多的相关变量，而无限地逼近实验研究设计的精确程度。它与实验研究唯一的不同是，专门小组研究设计不对自变量进行控制处理。但是，最近几年，尝试对自变量进行控制的专门小组研究逐渐增多。这样，有变量控制的专门小组研究设计就是社会科学研究中的实验研究设计。然而，从实践角度来说，专门小组研究存在着如下明显的缺点：研究花费时间长、样本容易流失、耗资巨大和不易出研究成果等。尤其是最后一点，对于时下的社会科学研究者来说是致命缺陷。但是，从理论角度而言，如果要获得真正的、创新性的社会科学理论，发现真正的因果关系是其必要基础，除专门小组研究设计之外，别无他途。所以，在世界上一些著名的大学或研究机构中，此类研究也越来越多。比如，一些发达国家的研究者对双生子的追踪研究就是典型例子。但是，对于大多数研究者，尤其是初学者来说，这是一个几乎不可能实现的研究设计。为此，采用近似历时研究是一个不错的选择。而且，从学术杂志上登载的研究论文来看，近似历时研究也是主流。

（二）近似历时研究

近似历时研究本质上是截面研究，即某一时点的问卷调查研究。但是，在截面数据中，有时候会隐含着符合逻辑的历时过程。此时，就可以通过考察变量程度、时间顺序，或回忆数据来进行因果关系推论。考察变量程度的例子，如"未成年人使用毒品等违法犯罪行为的影响因素的研究"，我们可以假设过早开始吸烟是吸食毒品的一个重要诱因。这样，就可以在问卷中设计如下两个问题："你是否吸烟？"和"你是否使用毒品？"[①]如果调查结果发现，在调查的对象中，有些人既不吸烟也不使用毒品，有些人只吸烟，有些人既吸烟也使用毒品，没有只使用毒品而不吸烟的人。就此可以推断，上述假设符合实际情况，即青少年学会吸烟是吸食毒品的重要诱因。考察时间顺序的例子，如"调查本科生学业成绩变化的影响因素"。一个可能的理论假设是：学生的学年（成熟程度和对大学学习适应程度的指标）是学业成绩的影响因素，学业成绩随学年增加而提升。这个研究首先需要把握本科生学业成绩的历时变化，但在截面数据中这是不可能的事情。由于问卷中有一、二、三、四年级样本的学业成绩，这时候，就可以把这四个不同年级的本科生群体的学业成绩近似地视作一个本科生群体的学业成绩在四年间的历时发展。[②]考察回忆数据的例子也可以以"调查本科生学业成绩变化的影响因素"为代表。可以假设大学入学前的学业准

[①] 由于使用毒品是较严重的犯罪行为，这类研究的数据获得手段和程序很复杂，对回答者的隐私保护也是其中的难题，此处仅为举例说明。参见 [美] 艾尔·巴比（Earl R. Babbie）. 社会研究方法 [M]. 邱泽奇，译. 北京：华夏出版社，2009：103–109.

[②] 在这个例子中，影响因果推断准确性的一个可能因素是，在一、二、三、四年级中，不同年级的本科生总体存在实质性差异。这在高等教育规模不断扩大的时期最容易发生。一个补正的措施是，选择至少两个时间点进行调查，并对两个时间点的一、二、三、四年级的关系进行比较。如果两个或数个一、二、三、四年级都呈现近似的趋势，我们就可以更为自信地得出结论。

备是本科生学业成绩的重要影响因素，学业成绩随学业准备的优秀程度而提升。大学入学前学业准备的重要指标是高中阶段的学习成绩。这样就可以在问卷中设计如下问题："你高中阶段的班级或年级的学习成绩排名是多少？"如果高中学业成绩与本科学业成绩之间存在着高度相关，则可以有比较充分的理由推断出高中阶段学业成绩是影响本科阶段学业成绩的重要因素。回忆方式获得数据虽然简便，但也有缺点，即回答者记忆不准确或故意欺骗。如果问卷所询问的是社会威胁行为，回答者故意欺骗的可能性会更大。

综上可以看出，在社会科学研究中，问卷调查研究范式与其他主要的定量研究范式相比，关键的不同点在于，为了保证收集到的数据的科学性，使用的数据资料的收集方式不同。至于理论建构的萃取、理论假设的提出、统计方法和程序的选择等方面，都大同小异。所以，问卷才具有了下述的第二种含义，即作为一种数据收集方式。

第二节　问卷作为一种数据收集方式

一、概念

"问卷"的第二个含义是指通过问卷调查进行定量数据收集方式。作为数据收集方式的问卷调查是作为研究模式的问卷调查的过程与程序的前半部分。问卷是社会科学定量研究中数据收集的最主要的一种方式。很显然，通过问卷与通过观察或实验来收集定量数据，在数据收集的主要过程、基本程序和相关技术工具的设计上都会完全不同。

　　在经典的自然科学研究中，数据收集都是通过观察而完成的。随着自然科学和技术的不断发展，现在很多数据则都是通过各种精密的测量仪器而获得的。但这个发展趋势的根本原因不是相应的测量的科学方法和技术工具的出现，而是因为很多变量不可能通过直接观察得到，必须通过某种方法与工具的辅助，才能顺利地进行观察。所以，在自然科学研究中，数据获得就有两种基本方式：观察与测量。但是，二者并没有本质上的区别。观察是综合动用人体的各种器官进行的直接测量，测量则是利用辅助工具进行的间接观察。不同学科领域所使用的测量工具有所不同，而且随着各学科所研究的对象的复杂程度的加深，测量工具也变得越来越复杂。

　　在社会科学中，基本上也是如此。这不仅仅是社会科学中的定量研究受到了自然科学研究范式和方法的影响，更重要的是强调科学性的定量研究的内在规定性的必然结果。从这一点来说，自然科学研究和社会科学研究的定量研究方式没有任何本质上的区别。但是，与自然科学研究中的研究对象不同，社会科学定量研究的分析对象主要是具有主观能动性的人，更准确地说是文明程度高度发达的现代社会里的人。人类独具的主体性、自我反思性和社会掩饰倾向增加了数据收集的难度，尤其是通过测量方式获得定量数据的难度。在问卷调查中，收集数据之难就是明证。当然，医学与生物学也研究人，但是，这些学科是把人作为客体来研究的。

二、特征

　　从回答行为的强制性而言，社会科学定量研究中的测量包括两种基本方式：测试和自我报告。测试是按照制度规定，研究对象必须回答的一种数据收集方式；自我报告是由研究对象根据自我意愿来确定是否报告相关信息的一种数据收集方式。测试的一个最极端的例子是升学考试，所有参与者都必须回答，而且参与者具有给出准确回答的高度的主观能动性。但是，在非升学考试中，即使制度上规定或采取某种具体措施，要求参与者都必须回答，但所有人是否都会如实回答则另当别论。比如，在国际上一些大规模本科生的学情调查中，学业成绩的数据收集就采取了考试方式。但是，研究人员最终发现，由于该考试的结果与回答者本人的切身利益无关，所以，有不少调查对象采取了间接拒绝的回答方式——交白卷。总之，只有在回答者因问卷回答而能够获得某种利益的情况下，他们才会比较积极地回答。问卷调查的数据收集是自我报告方式。在这一点上，测试与问卷调查的数据收集方式所面临的问题并没有本质区别。为了提升回答意愿，社会科学中的很多定量研究会给予信息提供者不同数量的经济回报。

从调查者与回答者之间的空间距离关系而言，问卷调查又分为传统式问卷调查与访谈式问卷调查两种方式。传统式问卷调查即采取邮送方式发放问卷，由回答者在合适的时间和空间里，自由填写问卷调查。访谈式问卷调查是指由问卷调查者在获得回答者的许可后，进入回答者的办公室或家中，由调查员根据既设的问卷，向回答者提问并作出回答指示，回答者根据该指示进行口头回答或书面填写。访谈式问卷调查一般也被称为入户调查，现在使用得越来越普遍。除此之外，还有介于两者之间的集团式填答和电话访谈等。集团式填答是指由调查者在回答者比较聚集的空间里，集中、一齐发放问卷，让回答者同时填写，它本质上更接近传统式问卷调查。电话访谈是指通过电话请回答者来回答，它本质上更接近入户调查，只是没有进入回答者所在的空间而已。本书中所指的问卷调查是传统的邮送式问卷调查。

三、程序

作为数据收集的方式，问卷调查需要设定合理的数据收集过程与程序。一般认为，问卷调查的基本程序包括：确定研究目标、选择调查对象、设计问卷、预测问卷、提前同调查对象联系、发放问卷、跟踪不回答问卷、整理问卷数据和分析问卷数据等几个部分。[1]很显然，这是作为研究范式的问卷调查的基本程序，而不是作为数据收集方式的问卷调查的基本程序。作为数据收集方式的问卷调查的基本程序，应该仅仅包括上述程序的中间六个部分，即选择调查对象、设计问卷、预测问卷、提前同调查对象联系、发放问卷和跟踪不回答问卷等。设计问卷这一环节将在下面的第三节进行分析，这里仅仅简单概述其余的五个部分。

（一）选择调查对象

选择调查对象包括三个步骤：根据研究目标确定目标人群、从目标人群中界定抽样框和使用某种合适的方法进行实际抽样。一般的介绍问卷调查方法的书籍往往忽略前两个步骤。根据研究目标确定目标人群就是确定调查对象的总体。如果研究我国本科生学业成绩及其影响因素，那么理论上的总体就是我国高校在籍的所有本科生。[2]为了使抽样具有代表性，研究者首先就需要制定一个抽样框。抽样框是总体要素（个体）的列表，即实际能够从中抽样的总体的符码。

---

[1] 参见［美］梅雷迪思·S·高尔（Meredith D. Gall），沃尔特·R·博格（Walter R. Borg），乔伊斯·P·高尔（Joyce P. Gall）.教育研究方法导论（第六版）[M].许庆豫，等，译.南京：江苏教育出版社，2002：245.本书根据中文习惯，更换了其中的一些用词，并根据实际的问卷调查研究过程，增加了分析问卷数据这一程序。

[2] 也有可能研究已经毕业的本科生。

如在上例中，最有可能的抽样框之一就是全国本科生的姓名录。很显然，要想获得这样的抽样框是有点不现实的。因此，研究者往往把界定抽样框和选择合适的抽样方法结合起来。在这个例子里，研究者一般通过分层随机抽样的方式获得较具有代表性的样本机构。比如：第一步，先把高校按照水平层次分为"双一流"高校、一般本科大学和一般本科学院三类；再根据高校所在地区分为东部、中部和西部三类；两个分类相交叉，就得出九类高校的类型；最后，从各类高校中各抽出一所代表性高校，共计抽出九所高校。第二步，分别在这九所高校中实行全样本或随机抽样（抽样框为全校学生的学号或姓名录），或者对各个高校按照学院和专业进一步分类后，再从中进行随机抽样。其他的抽样方法还有简单随机抽样、系统抽样和多级整群抽样等。同一性质的抽样方法，不同研究者使用的名称未必相同。所以，当我们在阅读相关的研究论文时，不能拘泥于抽样方法的名称，而要仔细区分作者实际使用的抽样方法。另外，严格的学术研究还需要根据研究对统计推断的精度要求，事先确定抽样的样本数量。对此，几乎所有的介绍问卷调查的书籍都有详细论述，故本书在此省略。

（二）预测问卷

在正式使用问卷进行实际调查之前，应预先对问卷进行全面的测试。这样才可以一定程度地保证问卷的效度和信度。选择的用于测试的调查对象应该是计划抽取的调查对象中的一个子样本。当然，这个子样本对数量和代表性的要求不是特别严格。预测问卷的目的是为了改善问卷的质量，使之更加符合研究目的的要求。在用于预测的调查问卷上，应该给调查对象留有填写批评和改进意见的空间，同时也要给予回答者明确的指示，包括如何填写问卷、如何提出批评和改进的意见等。这是最常用的预测问卷的一种方式。还有一种比较有效但费时费力的预测方式，是让调查对象用自己的话陈述对每一个问题的理解。然后，研究者对照调查对象的理解，思考、修改或重新设计问卷。这样的过程要反复进行多次，直到全部或大部分预测问卷的回答者能够准确无误地理解这些问题为止。在这个过程中，每一次邀请的调查对象应该略有不同。对于初学者来说，完全按照上述程序进行问卷预测存在着实际操作的困难。最大的难题是，很少有调查对象愿意如此配合。但是，这一步骤千万不能省略。一个常用的变通方式是，至少要邀请一些亲朋好友来充当调查对象，进行问卷预测。

（三）提前同调查对象联系

预先联系的主要内容包括向调查对象公开研究者身份、说明研究目的、要求调查对象的合作等。这样做有很多好处。在寄发问卷之前同调查对象取得联系体现了对调查者的尊重，会使冰冷冷的研究充满人情味，增强调查对象对研究的合作意愿，提高回答的正答率和问卷的回收率。预先联系有很多种方式，一般认为电话联系最为有效。当然，随着网络联系方式，比如微信的盛行，这些免费的即时联系方式也许更为可取和有效。

（四）发放问卷

这一步骤最为困难。问卷回收率低是一个难以彻底解决的客观问题。但是采取如下措施，会明显提高问卷的回收率。一般而言，可以在邮送时与纸质问卷一起附送一封信。这封信要简明扼要地向调查对象介绍研究者，解释研究目的、研究的重要意义，以及如何保护回答者的隐私和期望调查对象的配合。现在，这样的附信多半会通过问卷开头导言的形式呈现。

（五）跟踪不回答问卷

在超过预定的回收时间期限后，最好再与尚未回答的调查对象联系一下，催促对方回答问卷。但是，最好采取与上次有些不同的方式或形式。对调查对象不回答问卷这一事实，很多研究者多半会将原因归结为对方。但是，也许有些不回答的根本原因在于研究者自身的疏忽或者差错。追踪联系应该再次强调本研究的重大意义、调查对象填答并返回问卷对本研究顺利进行的重要性。一般认为，通过3次左右的跟踪联系，问卷返还率会明显提升。但是，跟踪联系超过3次以后，问卷返还率就不再有明显的上升。如果这时候问卷返还率仍然很低——一般认为下限是20%——那么使用这样的问卷数据进行分析，其结果就未必可靠。如果问卷返还率较低，就需要对未返还问卷的调查对象的属性进行分析，以观察其属性是否有一些明显的特殊之处。最简单的方法是：比较不同批次回答的调查对象的个体属性。

第三节　问卷作为一种数据收集工具

一、概念

"问卷"的第三个含义是指在问卷调查中所使用的基本工具。作为定量数据收集的工具，问卷质量的高低决定着收集方式的合理性，也在很大程度上影响数据收集工作的进度和效度。另外，问卷作为一种数据收集工具，不仅出现在问卷调查研究中，还出现在其他定量研究的范式中。比如，当前脑科学研究很流行，很多脑科学研究在对研究对象进行自然科学水平的客观测量之外，也会让研究对象填写一份问卷。很多定量研究都倾向于综合使用多种数据收集工具。本书的问卷主要在这个意义上使用，即指定量数据的一种收集工具。

二、载体

作为数据收集的文字工具必有其呈现的载体。起初，学术研究中的问卷都是纸质的。近年来，问卷调查的实施方式已经发生了很多变化，有些变化对问卷设计的影响是根本性的。比如，基于网络的问卷调查的出现、盛行对问卷设计具有颠覆性的影响。另外，问卷调查的种类多种多样，所使用的问卷的具体形式也多种多样。鉴于本书预设的阅读对象和使用者是初次接触和学习问卷调查的相关人员，本书中的问卷仅指纸质问卷。

三、构成

作为定量数据收集的文字工具，问卷包括许多组成部分。但是，它的主体部分是一系列的问题对（a series of questions）。一个问题对（a set of question）[1]包括提问（asking）和回答（answer）两个部分。所以，问卷设计包括问题设计（design for the set of question）[2]和整卷设计（formalization of the whole questionaire）两部分。其中的问题设计又具体

---

[1] 根据研究界的习惯用法，以下把"问题对"简称为"问题"。
[2] 根据行文需要，有时候把"问题设计"简称为"设问"。

分为提问设计和回答设计。整卷设计既研究许多问题是如何合理地排列在一张问卷中的，也包含一些编排形式上的要求，如字体、颜色或格式等。这些有关设计的内容，将在本书之后的第三章至第六章进行详细说明。

四、问题类型

根据对回答项事先预设的明晰化、形式化的程度，问题分为开放式和封闭式两类。开放式问题允许回答者自由发挥，封闭式问题只允许回答者在预先设计好的答项中选择。

比如，对于一个同样的调查内容，根据研究目的和具体分析的需要，可以分别使用开放式问题和封闭式问题来设计。以下是使用两种不同类型的问题对"本科生'翘课'"进行的调查。

开放式问题举例：

📖 **问题 1.1** 目前，在我国高校中，"翘课"的本科生越来越多。请您把您自己对"翘课"这个现象的主要看法写在下面的横线上。

_____

_____

_____

_____

有时候，为了避免过于开放，使回答者感到无所适从，调查者可能会从外延和内涵两方面对问题进行不同程度的限定。

📖 **问题1.2** 既有的调查结果表明，目前，在我国高校中，"翘课"的本科生越来越多。很多本科生都认为，课堂上教师教授的知识内容和毕业后的就业关系不大，所以，不管是上课还是缺课都对自己的未来发展没有实质性影响。也有一些本科生列出了"翘课"的其他原因。请您把您自己对"翘课"这个现象的主要看法写在下面的横线上。建议您主要围绕"翘课"这一现象的程度、背后的原因、造成的后果三个方面展开。

_____

_____

_____

_____

_____

封闭式问题举例：

📖 **问题1.3** 目前，在我国高校中，"翘课"的本科生越来越多。请在以下选项中，选择最符合您自己实际情况的一个选项。
① 常常翘课
② 偶尔翘课
③ 几乎不翘课
④ 从不翘课

问卷包含一个或若干个开放式问题的叫开放式问卷。与此相对，问题全部为封闭式的问卷叫作封闭式问卷。长期以来，一份实际的问卷往往既包含开放式问题，也包含封闭式问题。从问题的数量而言，封闭式问题较多。当前国际上问卷调查的一个主要发展趋势是，在大型的问卷调查或学术型问卷调查中，开放式问卷的使用频次越来越少。这可能是因为开放式问卷的结果难以进行较高程度的定量统计处理。这就导致它在问卷调查研究中的象征意义远大于实际功用。故本书中的问卷专指封闭式问卷。

　　封闭式问题的回答一般采取填空题或选答题的方式来设计。选答题的选择项可以有一个最合理的答案，也可以有多项都合理的答案。然而，多选题在后续研究中仅具有描述性价值，对因果关系的统计分析中的实际价值较低。如果想对多项选择题进行深入分析，仍然需要把每一答项转化提问，把"是"与"否"作为该提问的答项。由于多选题大多出现在以社会现状和问题把握为基本目的的问卷调查中，故本书仅分析单选题。

第二章
设问的基本原则

　　在问卷设计中，无论是行为类问题，还是心理类问题或个人属性类问题，它们的提问和答项在设计中都存在着一些需要共同遵守的基本要求。这是问卷调查研究内在规律的外在体现。它要求问卷设计者在设计过程中必须无条件地遵守。久而久之，这些基本要求就成为问卷设计者顺利完成设问工作需要坚持的基本原则。这样的基本原则很多，本章仅仅介绍以下三个方面：如何选择合适的理论框架，提问设计的基本要求和答项设计的基本要求。

第一节　选择合适的理论框架

一、确定因果关系

　　任何严格的定量研究，在研究开始之前，都必须确定基本的理论框架。本书预设的问卷的使用范围为教育学领域的学术研究环境。在包括教育学在内的社会科学的理论研究中，定量研究有理论探索性和理论验证性的类型之分。二者的差异在于，理论假设与既有理论体系的相似度。比较而言，前者的理论创新成分可能较多，但没有被反复检验过。不管是探索性还是验证性，在研究之前，预设一定的理论框架必不可少。理论假设是对客观存在的一系列因果关系的预判。研究中的理论假设是一个体系，一般包含数个互相关联的因果关系。其基本单位是一个因果关系，即原因（A）与结果（B）的关系，这二者的逻辑关系可以表示为A→B。在统计学上，A是自变量，B因变量。本书以两个变量的因果关系为例进行说明。

在利用问卷进行的教育学领域的调查研究中，问卷调查对象和研究分析对象的基本单位包括学生、教师和教育管理者。[①]其中的基本单位既可以是个体，也可以是群体或组织。本书预设的基本单位是学生个体，主要研究核心是分析本科生学习行为的基本特征及其影响因素。在本科生学习行为和影响因素的定量研究中，国内外既有的定量研究一般有如下的基本理论认识：学生的个体属性影响学习心理和学习行为，学习心理和学习行为相互影响。迄今为止的既有定量研究大都是在这个理论假设的大框架中进行的。尽管不同研究者的关注重点、概念操作化手续和最终的理论解释不尽相同。本书的调查问卷也是在这个理论前提下进行设计的。为此，可以设计如下的学生的个体属性、学习心理和学习行为的概念图（如图2-1所示）。

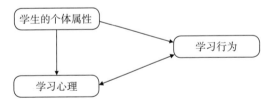

图2-1 学生学习行为和影响因素的定量研究的基本理论框架

这里尝试研究的核心问题是本科生的学习心理如何影响本科生的学习行为。尽管从抽象地分析来看，学习心理与学习行为之间互为因

---

① 有时候，问卷调查对象和研究分析对象未必一致。在一般研究中，二者一致的情况较多。但有两种情况，二者可能不一致。第一种情况的例子是，如果研究婴幼儿的睡眠行为或幼儿园学童的就餐习惯，研究分析的对象是婴幼儿，但是问卷调查的对象就只能是婴幼儿的父母或幼儿园教师。第二种情况的例子是，如果研究本科生寝室中的生生互动关系，研究分析对象是互动关系，但是，问卷调查对象只能是本科生个体。

果，二者关系复杂。但是，就调查的某一时间点的本科生来说，可以把学习心理视作原因，而把学习行为视作结果。这样比较符合在学校教育环境下，学习发生与发展的一般规律。在本书设定的理论框架中，学习心理之外的因素，如学生属性等都视作统计上的控制变量，尽管他们在实际中也都是本科生学习行为的影响变量。

而且，学习心理和学习行为都是外延非常宽泛的概念。一个问卷调查研究很难穷尽这两者的方方面面。比如，本科生的学习心理可以从智力、能力、学习态度、学习动机、学习方式、学习风格等诸多方面进行分析。其学习行为也可以从课堂学习行为、课外学习行为和家庭学习行为等诸多方面进行分析。所以，为了在有限的篇幅中对核心概念进行详细说明，就必须进一步缩小这些概念的外延并明确相应的基本内涵。为了方便说明，在学习心理中，本书选择本科生学习方式作为要研究的自变量；在学习行为中，本书选择本科生课堂学习行为作为要研究的因变量，并集中于分析本科生学习行为的表现与结果。

二、建构概念与操作概念

变量就是对概念测量的结果。所以，问卷的本质是对一系列相关概念的测量。大多数概念并不是现实社会的直接反映，而仅仅是正常的成熟人脑对现实的理论建构的产物，故被称为建构概念（construct）。在教育学中，建构概念最典型的例子莫过于智力。尽管智力在当前的教育学界已经是被普遍接受的概念，但作为明确的建构的理论概念，它的出现和理论定型不超过200年。因此，可以说在人类认识发展史上，智力尚是一个比较年轻的建构概念。对智力概念内涵的争论至今未休，而且，在近期，似乎不可能有明确的、一致性的结论。这是因为，没有人能够直接或间接地观察到智力的存在。这里，需要特别注意的一点是，被普遍接受并不意味着科学性，更不意味着真理性的程度高低。遗憾的是，目前，在教育学相关的领域里，还没有多少比智力这一概念更为成熟的理论建构。遗憾的另一面则是幸运，因为这对教育学专业的学生来说，意味着更广阔的理论探索空间。

建构概念本身的内涵是非常模糊的。这导致建构概念的多义性，一般不具有直接的可测量性。因此，问卷调查前，需要对将要测量的建构概念进行操作化定义。操作化定义建立在既有的系统理论研究的基础之上。操作化定义后得到的概念形式叫作操作概念。智商就是对智力概念的操作性定义，是一套算术公式的系统结构。相较于对智力这一概念内涵的哲学式探索，对智商测量的历史则更为短暂。较为严格的学术型的智商测量出现和盛行于二战后，其背后的宏观原因是经济学的人力资本理论和发达国家的人力资源开发政策的社会流行和占据主导的地位。其后，因智力测量的结果的稳定性受疑，以及难以在学校教育实践中有效应用而逐渐式微。但是，随着脑科学和人工智能的发展，智力测量或许将再次成为研究的核心。

三、概念的测量尺度

如前所述，变量的本质就是概念测量。概念测量就要用到测量尺度。测量尺度的层次高低会影响测量结果的数学性质。在这个测量的意义上，变量就是概念的数学表现形式。根据测量尺度划分的测量共有四种：定性测量、定序测量、定距测量和定比测量。相应地就有四种测量结果，即变量，包括定性变量、定序变量、定距变量和定比变量。四个变量的层次由低到高。不同教科书对四种尺度和四种变量的命名略有不同，但实质上并没有区别。

（一）定性测量

定性测量即对变量的分类，因此，得到的结果是定性变量，也称作分类变量，该变量只有类别之分，而无大小之分。例如，调查本科生所属的专业。专业仅具有性质差别，而无数量的区分。由此而得的变量不可进行大小比较。再如，调查对象中有两位本科生，一位回答性别是男，另一位回答性别是女。作为研究者，你不能说男大于女，或者女大于男。当然，这是变量的数学性质，而不是变量的社会性质。在现实社会里，也许男女有别，可以比较二者的大小。正如人们常常谴责的劳动工资和社会地位的性别差异一样。有些定性测量有天然的分类依据，比如，本科生的性别；有些定性测量则是人为划分的结果，比如，根据学业成绩上的高低划分的"好"学生与"差"学生。人为划分就需要事前确定明确的划分标准。若以学业成绩60分为"好"与"坏"学生的分界线，则60分以上的为"好"学生，其下为"差"学生。在一次很难的考试中，学生学业成绩好与差的分界线也许更低，很有可能变成40分，我国高考分数线的年际变动就是最好的例证。与高考分数线类似，研究者可以根据研究的目的和需要，调整类别划分的依据。在问卷调查中，定性测量应用广泛。所以，就有人说，问卷调查就是定性测量。

（二）定序测量

根据变量的相对多寡程度进行逻辑排序就是定序测量，由此得到的测量结果是定序变量。在问卷调查中，定序测量的使用也很广泛。

比如，调查本科生学习努力程度。可以把努力程度划分为：最低、较低、中等、较高、最高五个等级。定序变量可以比较大小。如果一位本科生A的学习努力程度是"中等"，另一位本科生B的学习努力程度是"较高"，很显然，B的学习努力程度大于A。不过，二者无法实际上进行加减，即不能说B的学习努力程度"较高"，且比A的学习努力程度"较高"高1。但是如下所述，定序变量在统计上可以进行加减乘除计算：在5度的学习努力程度衡量刻度中，"较高"的统计值为"4"，"中等"的统计值为"3"，二者之差就是"1"。而且，研究者往往把测量刻度超过"5"（有些研究者认为这个标准为"4"）的定序变量视为连续变量来处理。

（三）定距测量

定距测量是对调查对象个体差异的距离的测量，其结果是定距变量。智力测量是一个典型的定距测量。作为测量结果，智商则是典型的定距变量。本科生的平均绩点（Grade Point Average，简称GPA）也是典型的定距变量。定距变量可以加减，但不可以乘除。不可以乘除是因为定距变量没有绝对的"0"点。也就是说，在测量中，智商为"0"的人不能说他没有一点智力，平均绩点为"0"的本科生也不能说他什么专业知识都不会。如果这样认识，就不符合教育现场的客观实际。

（四）定比测量

定比测量是对调查对象属性的实际数值的测量，得到的测量结果是定比变量。在高等教育中，最典型的定比变量是本科生的年龄。定比变量既可以加减，也可以乘除，而且有绝对的"0"点。如果本科生A的年龄是19岁，本科生B的年龄是16岁，则就可以计算，A比B大3

岁，A的年龄是B的年龄约1.19倍。如果调查对象的实际年龄为"0"，[1]则意味着调查对象什么年龄也没有。在一般的社会科学研究中，家庭的劳动收入也是定比变量。这很容易理解，如果某年一点收入都没有，那么收入就为"0"，而且，1 000元的年收入肯定是500元的年收入的2倍。[2]在自然科学中，物体间的空间距离也是定比变量，它有绝对的"0"点，而且不同距离之间可以进行加减乘除的计算。然而，现实社会中真正的定比变量实在太少了。

综上可知，定比变量可以变为定距变量，反之则不可；定距变量可以变为定序变量，反之则不可；定序变量可以变为分类变量，反之则不可。这是由其内在的层次高低所决定的。所以，大部分教科书都会强调：如果能设计出测量定序变量的提问，绝不设计成测量分类变量的提问。然而，上述划分纯粹是从变量测量的角度来界定的。若从变量的统计分析角度来看，变量则只有连续变量和非连续变量之分。在四种变量中，定序变量、定距变量和定比变量都可以视作连续变量。而且，在实际的社会科学定量研究中，在对非连续变量进行统计描述时，也往往按照连续变量来处理。比如，对性别进行赋值，男为"1"，女为"0"。如果某总量为20的样本，其性别的主要统计量为：M=0.737，S.D.=0.452，那么从这组算数平均数和标准差中，我们完全可以把握分类变量的数学特征。这样的表述方法在学术论文中越来越多。

---

[1] 调查对象的年龄为"0"是比较特殊的情况。这里，仅仅是为了举例说明，并非指实际调查中出现的回答情况。在教育学领域，这样的情况比较少见。年龄为"0"的研究对象主要出现在胎教研究中。但这时候，研究对象与调查对象有可能并非同一主体。

[2] 家庭收入的倍数关系也是从数学的角度来看待的。如果从社会意义的角度来看，很显然，1 000元与500元的社会意义也许有很大不同。对于富裕的家庭来说，多500元与少500元没有多大区别，这不影响家庭生活的质量。但是，对于贫穷的家庭来说，有与没有500元，家庭生活质量就会有很大的区别。

第二节　提问设计的基本要求

提问是为了更好地测量作为要研究的变量（即概念），从回答者的角度而进行的定义和文字描述。换句话来说，它是对概念进行的既学术化又大众化的定义。做好提问设计是问卷设计的核心所在。迄今为止，与提问设计相关的研究成果很多。这里，仅截取提问态度（questioning attitude）、合目的性（purposiveness）和措辞（wording）三个主要侧面的基本要求进行说明。

根据提问所针对的具体内容领域——本书界定为本科生的学习行为、学习心理和个体属性——的变化，上述基本要求会有不同的具体体现，对提问设计的具体要求也会各有侧重。关于不同内容的提问设计的要求上的一些细微差异，将会在本书第三章、第四章和第五章的相关章节中进行详述。本章仅仅概括提问设计共同的基本要求。

一、把提问视作研究性学习过程

第一，问卷调查作为定量研究的一种范式，它是对未知世界的科学探索。既然是对未知世界的科学探索，就不能有一丝一毫的先入之见，所以，提问设计时要特别地虚心和谨慎。稍有问卷调查经验的人都知道，完全符合或者大部分符合问卷设计者预期的问卷调查的结果很少见。与此相对，根本无法使用于进一步的统计分析的问卷调查的数据却很多。究其原因，这些现象的出现大都源于问卷设计者喜欢，至少是无意识地凭借个人经验和主观想象在设计提问，其最终获得的数据质量可想而知。所以，提问设计本身也是一个研究性的学习过程。

第二，问卷调查是对有价值的未知信息的搜索和学习的过程。在这个艰苦的过程中，问卷调查者和调查对象之间对重要信息的拥有量是明显不对等的。调查对象所拥有的信息的量与质远远胜于调查者。因此，调查对象是唯一的有价值的信息提供者。在这个意义上，调查对象是问卷调查过程中信息传递过程的发起者，与教学过程中的教师、导师或引领人起到相近的作用。而在这个过程中，问卷设计者则只能处于学生、信息接受者和被引导者的地位。如果调查者缺乏虚心请教的坚定立场，那么即使能够通过问卷调查获得信息，获得的信息也有可能充满虚假，至少是很多敷衍的成分，不堪大用。

第三，退一步说，即使双方在调查过程中对信息控制的地位平等，问卷调查也是问卷设计者和调查对象之间平等的社会交往过程。平等的社会交往过程的本质也是交往者之间互相学习的过程。这个过程与结构性访谈调查的过程非常类似。差别在于，在问卷调查中，二者一般没有直接见面。这样一来，问卷就成为问卷设计者和被调查者之间有效交流的唯一媒介，也是决定交流成功与否的最重要的介质。因此，问卷设计者要通过巧妙的提问设计来释放强烈的感情信息，这些信息能够让调查对象产生共情，并感受到问卷设计者寻求信息帮助的迫切心情。实际上，不管是问卷调查还是访谈，它们都与一般社会交流有许多本质上的相似之处。对大多数被调查者来说，回答一份高质量的问卷如同与一位智者进行倾心的交谈。尤其对于大学生而言，更是如此。拒绝参与问卷填写的人有时候并非真正的拒绝，而是因为他们有过太多被要求填写低质量问卷的痛苦经历，所以，厌倦了回答这类低质问卷。有些读者想必会回忆起自己第一次作为被调查者，回答别人问卷时的新奇、兴奋和激动。成功的问卷设计者应当激起调查对象的这种感情。当然，有些调查问卷的主题确实乏味，这就更要求问卷设计者能够发挥设计者的主观创造性，挖掘问卷中能够引起调查对象兴趣的那些部分，并在设计时加以重点强调。众所周知，在访谈调查中，访谈者特别重视与被访者之间的感情交流。所以，在问卷调查中，也不应该忽视与调查对象之间的感情交流。

第四，对调查对象要做到平等对待。在问卷设计中，设计者要处处体现出对调查对象应有的尊敬和真挚的关心。尤其是当被调查的本科生为所谓的社会不利群体（socially disadvantaged group）的一员时，比如，被调查学生来自贫困地区或存在一定程度的学习障碍，问卷设计更应该如此。当然，这种感情不能隐含有丝毫的优越者对弱势群体的同情、慈善或施舍之意在内。那样反而只会加重调查对象的受歧视之感。一般来说，问卷调查的目的多是针对整个社会认为有严重或明显问题的教育领域，以发现该问题产生的原因、过程、机制和相应的可能的解决方法。因此，从"正常人"的眼光来看，大部分调查对象都具有某种社会性的"缺陷"。这就更要求问卷设计者在设计问卷时，要有人同此心的博爱情怀。尽管这种"缺陷"有可能只是社会世俗和偏见的折射。比如，高等教育研究者往往认为家庭经济困难的本科生容易不同程度地出现心理问题。其实，这些心理问题产生的原因更可能是社会偏见的挤压，或者是研究者的固有思维定式对调查工具的不当使用和对调查结果的无意识的曲解。也就是说，在研究者眼里出现的心理问题有可能根本不是真正的心理问题。这个平等对待的思维既体现了问卷设计者的价值观，也是正在进行的研究本身的社会价值的根本体现。

二、从研究目的出发提问

在提问设计时，首先必须区分研究问题和为获得研究问题的解答而向调查对象提出的特定问题。研究问题是研究关注的主题，它的选择和提炼与研究目的密切相关。研究目的决定了研究问题的哪些侧面需要被进一步分化为调查项目，制成一个个具体的提问，直到最终被纳入到整个问卷中。从研究问题到提问，是概念及概念间关系的具体化的陈述过程。研究问题陈述得越系统、精确、清楚，提问设计才越容易，最终产生的提问也才可能是最完美的提问。

即使是相同的研究主题，由于研究目的不同，也会产生完全不同的具体提问。例如，很多调查本科生学情的问卷都会涉及本科生父母所接受的学校教育的程度。但在不同的研究目的的指导下，该问题的提问设计则差异很大，有时候甚至完全不同。

如果问卷调查的目的是根据父母的学校教育水平划分本科生的出身类别，那么只要设计出如问题2.1所示的提问，就基本满足了研究的需要。

📖 **问题2.1** 请问，您父亲所接受的最高学校教育的程度是：

请问，您母亲所接受的最高学校教育的程度是：

① 小学未毕业

② 小学毕业

③ 初中毕业

④ 高中毕业

⑤ 专科毕业

⑥ 本科毕业

⑦ 研究生毕业

但是，如果准备用父母的学校教育水平作为家庭文化资本的指标，研究家庭文化资本对本科生学业成绩的影响，那么家庭文化资本就是核心的自变量，而父母所接受的学校教育的程度就只是家庭文化资本的最重要的侧面。这样，还必须对父母的学校教育程度进行更为详细的分类。为了说明的简洁与方便，以下仅仅选择父亲的学校教育水平作为家庭文化资本的指标。[①] 以我国当前社会环境中父亲所接受的学校教育水平为例，至少应该设计以下问题，即问题 2.2—问题 2.6 的几组相关联的提问。当然从问题 2.2—问题 2.6，需要在问题 2.2 中设定有关跳答的规定。[②]

📖 **问题 2.2** 请问，您父亲所接受的最高学校教育的程度是：

① 小学未毕业

② 小学毕业

③ 初中毕业

④ 高中毕业

⑤ 专科毕业

⑥ 本科毕业

---

① 当然，选择父亲学校教育水平作为指标也不仅仅是为了方便说明，也有学术上的确凿的根据。学术界一般会首先选择父亲学校教育水平作为家庭文化资本的指标，这是因为很多研究的结果表明，父亲受教育水平对子女影响更大；而且，父亲与母亲的学校教育水平之间也存在着较高相关。

② 跳答说明的一个具体例子如下："在问题 2.2 中，如果选择答项①、②、③或④，请跳过问题 2.3、问题 2.4、问题 2.5、问题 2.6，直接回答问题 2.7。"

⑦ 研究生毕业

📖 **问题2.3** 请问，您父亲获得的最高学历的高校的层次是：

① 没有接受过高等教育

② 专科学校

③ 一般本科院校

④ "双一流" 高校

⑤ 国外大学

📖 **问题2.4** 请问，您父亲在最高学历高校就读时的专业是：

① 理学

② 工学

③ 农学

④ 医学

⑤ 人文社会科学

📖 **问题2.5** 请问，您父亲是通过在职学习获得最高学历的吗？

① 是

② 否

📖 **问题2.6** 请问，您父亲获得最高学历的高校的办学性质是：

① 普通高校

② 成人高校（含自学考试）

很显然，在目前的很多研究论文中，所使用的调查问卷虽然以研究家庭文化资本对大学生学业成绩的影响为主要目的，但在通过问卷获得相关数据的过程中，并没有对父母的学校教育程度进行如问题2.2—问题2.6这样的较为详细的设问。如果家庭的文化资本被简化为像问题2.1那样对父母学校教育水平的简单分类，那么，进行家庭文化资本的研究就太过容易了。

另外，提问设计既是信息接受的一般性的学习过程，也是充满创造性的智力活动的学习过程。具体而言，它是创作一系列提问的深度学习的过程。创造带来的心理上的刺激和兴奋很容易让问卷设计者自我陶醉，全身心投入问卷设计之中，而忘记了问卷设计应该服务的研究目的。也就是说，问卷设计者在提问设计中容易"跑题"，从而使设计出的提问越来越多，偏离研究目的。为此，要设计出优质提问，首先必须抑制这样的创作冲动。每设计一个提问时，设计者都要反复问自己："为什么要调查这个问题？"长期接受的专业学术训练让大家相信问卷得到的信息越多越好，即设计的提问越多越好。而且，设计者往往会抱着"即使现在不用或者用不着，将来也会派上用场"的思维来设计提问，无意识地致使提问量增多。很多研究者都有这样的经验或者说是教训：做过的问卷中的很多提问在统计分析中几乎没有得到任何使用。实际上，如果在设计提问时，漫无目标地发问，那么不仅后续的调查研究成本会大幅上升，而且回答者的回答质量也会急剧下降。遗憾的是，调查者，尤其是初学者通常带着"难道提问这个问题没有意思么"的乐观思维，并着手设计提问。如此思维方式下进行提问设计的结果是：最终的问卷调查只不过能够获得更多的、看似精美的统计表或统计图。但这些统计图表已经偏离了原有的研究目的，因而对实现研究目的，以及新知识的创造或发现毫无贡献。所以，在提问设计中，始终把基本的研究问题作为提问设计的中心就非常关键。

三、反复锤炼措辞

提问设计中措辞锤炼的重要性在各种有关问卷设计的书籍中都有详细的描述。但是，这些书籍多是用与提问设计技术几乎无关的记录奇闻异事的方式来表述的，而且对其功能有所夸大。比如，一个经常被引用的例子是：我国古代一位经常吃败仗的将军，如何写报告的故事。他在给皇帝的报告中，说自己"屡战屡败"。幕僚看后认为不可，把"屡战屡败"改为"屡败屡战"。这样一来，将军的坚贞不屈和顽强的形象就跃然纸上。最终的报告得到了皇帝的大大嘉奖。再如，国外问卷设计的经典教科书中，对"祈祷与抽烟"的排列关系的不同效果的叙述：两位不同会派的牧师讨论同时吸烟和祈祷是否有罪。由于两人无法达成共识，便各自去请教上司。一个星期后，两人再度相遇。一位问另一位："你的上司怎么说？"另一位答："他说没问题。"前一位说："那太可笑了，我的上司说那是犯罪。"另一位问："你问他什么？"前一位说："我问他祈祷的时候抽烟行不行。"另一位说："哦，我问他抽烟的时候祈祷行不行。"这样的奇闻异事是否真实存在姑且不谈，但现代问卷调查中的提问设计者对措辞选择的水平还不至于如此拙劣，而且，最为关键的一点是，语言锤炼还没有如此巨大的效果。但是，有很多研究表明，同样一个句子，措辞选择的不同和句式差异确实会带来不同的回答效果。在问卷的提问设计中，锤炼措辞包括锤炼词语和锤炼句子两个侧面。

词语锤炼的关键是具有细微差别的词汇如何选择。提问中的词语锤炼的要求同样适用于回答。主要注意事项如下：不用专业词汇、不用行业词汇、不用方言俗语、不用较强感情色彩的词汇；要用普通词汇、简单词汇、不容易产生理解歧义的词汇，以及中性词汇。

句子锤炼包括两个部分：句子形式锤炼和句子内容锤炼。在句子形式上，一个提问就是一句话，即意义完整的叙述。但它与一般的文字叙述有所不同。它是字数很少的一句话，而且所用的文字越少越好。除去背景设置的叙述外，长度不宜超过一行。在必要的时间、空间和状态等状语之外，这句话的中间也很少使用标点来断句。尽量不使用任何否定（包括双重否定）的句式，常常是陈述句或疑问句。究竟选择哪一种句式尽管也多少会受制于提问的具体内容，但往往更取决于提问设计者的个人爱好。目前的整体发展趋势是：陈述句的使用越来越多。在句子内容上，句子锤炼有三个基本要求：词语的合适性、简明性和唯一性；剔除提问中可能包含的政治性色彩；避免提问的倾向性和导向性。第一点已在词语锤炼部分说明，第二点因时而变，故以下重点分析第三点，即如何才能避免提问的倾向性和导向性。

首先，避免提问的倾向性是指提问中不要包含设计者明确的价值观判断。问题2.7就带有明显的倾向性。具有倾向的价值观或判断会导致回答期待，从而影响回答者的独立选择。在带有价值倾向的提问中，越是采取外部激励措施，比如，给予回答者现金回报奖励，回答结果便会与实际情况相差越远。因为回答者会有意识地迎合设计者的期待和调查需要。

📖 **问题2.7** 大多数专家一般认为本科生"翘课"会负面影响他们的学习。请问，对此，您的观点是：
① "翘课"对学习有负面影响

②"翘课"对学习没有任何影响

③"翘课"对学习有正面影响

问题2.7的提问应加以必要修改，以避免倾向性。修改后的一个可能的例句如下。

📖 **问题2.8** 对大学生"翘课"是否影响学习，专家意见也不一致：有些专家认为，"翘课"会使学生失去部分知识学习的机会，因而对学习有负面影响；有些专家则认为，学生"翘课"翘掉的是那些无用的知识或无聊的课程，因而可以集中时间和精力去学习更有价值的知识，其结果对学习有正面影响。请问，对此，您的观点是：

①"翘课"对学习有负面影响

②"翘课"对学习没有任何影响

③"翘课"对学习有正面影响

其次，避免提问的导向性是指设计者不要有意识地引导回答者选择某一答案。如果提问具有导向性，就会歪曲客观现实，影响调查效果。下述提问就带有明显的导向性。

📖 **问题2.9** 大学生资助是促进高等教育机会公平的重要手段，因此，它受到各国政府的高度重视。请问，您认为我国是否应该增加面向贫困家庭的大学生资助？

①是

②不增加也不减少

③否

问题2.9的提问应加以修改。修改后的一个可能的例句如下。

📖 **问题2.10** 请问，您认为当前的大学生资助是否满足了本科生对经济资助的需要？
① 是
② 否
③ 不知道

有时候，倾向性和导向性的差别很难区分。这里给出一个粗略的判断标准：问卷设计者未必意识到提问中的倾向性，但是导向性却是设计者故意引导回答者朝着这个方向回答。

第三节 答项设计的基本要求

与提问设计相比，答项建构相对就要容易得多。这是因为，合理的答项是随着提问设计的顺利完成而自然产生的。当提问完成之后，答案在一定程度上就变得比较明确了。本书对答案设计基本要求的介绍侧重在技术层面，主要有单维性、全包性、互斥性和敏感性四个基本要求。上述四个基本要求在不同的答项建构方式中的体现有所不同。

对于封闭式问题，答项建构的方法有三种：分类法、指标法和量表法。指标法的回答大都是"是"与"否"，量表法的回答为具有等距离程度差异的刻度序列，常用的刻度有4、5或7。由于指标法和量表法基本上不存在复杂的答项建构的技术问题，而且经过多学科的共同努力，很多教育学概念已经有了较为成熟的指标体系或量表，如职业兴趣、学术性向、个体的能力、气质与性格等。所以，本书关于答项建构的基本要求，主要是针对分类法而言的。

一、单维性

答项建构的单维性是指答案的所有选项最好保证在所测量的概念的同一维度上。违反单维性的主要原因有两个：一个原因是，提问本身就具有多重性；另一个原因是，虽然提问是单维的，但各个答项不在所要测量的概念的同一水平或层次上。

首先，提问多重性的例子如下。

📖 **问题2.11**　请问，您认为本科生"翘课"去参加实习，会影响他们的专业学习吗？
① 有负面影响
② 没有任何影响
③ 有正面影响

也许有些大学生"翘课"确实是为了去参加不得不去的实习。到了三年级下学期和四年级上学期，为了参加实习而"翘课"的学生比例会明显增多。但是"翘课"和参加实习本质上为完全不同的两个概念，代表了两种性质不同的本科生的学习行为。值得注意的是，一年级和二年级本科生也有很多"翘课"行为。而且，进入三年级下学期以后，任课教师也会更加关注本科生的就业问题。只要是学生因为就业或实习问题而上课请假，任课教师一般都会准许。所以，从制度上而言，基本上不存在因为实习而不能上课，必须"翘课"的充足理由。这样一来，问题2.11的提问应加以进行必要的修改，修改后的一个可能的例句如下。

📖 **问题2.12** 请问，您认为本科生"翘课"会影响他们的专业学习吗？
①"翘课"对专业学习有负面影响
②"翘课"对专业学习没有任何影响
③"翘课"对专业学习有正面影响

📖 **问题2.13** 请问，您认为本科生实习会影响他们的专业学习吗？
① 实习对专业学习有负面影响
② 实习对专业学习没有任何影响
③ 实习对专业学习有正面影响

其次，答案设计多重性的例子如下。

📖 **问题2.14** 请问，您认为我国是否应该增加面向贫困家庭本科生的大学生资助？
① 是
② 应该增加国家奖助金
③ 应该增加国家助学贷款
④ 不增加也不减少
⑤ 不知道

答案"① 是"、"④ 不增加也不减少"与答案"② 应该增加国家奖助金"、"③ 应该增加国家助学贷款"明显不是同一个维度上的概念。对部分回答者来说，不在同一个维度上就会导致有两个或多个可能的答项。我们应该对问题2.14的提问进行修改，修改后的一个可能的例句如下。

📖 **问题2.15**　请问，您认为我国是否应该增加面向贫困家庭本科生的大学生资助？

　　① 是

　　② 否

（回答①的同学请继续回答2.16题，回答②同学的请跳过问题2.16，回答问题2.17。）

📖 **问题2.16**　请问，您认为当前急需增加哪种类型的面向贫困家庭本科生的大学生资助？

　　① 奖学金

　　② 助学金

　　③ 助学贷款

　　④ 其他

📖 **问题2.17**　请问，您认为不应该增加面向贫困家庭本科生的大学生资助的最主要原因是：

　　① 这样做会增加国家的财政负担

　　② 面向特定群体资助，不利于高等教育机会的公平

　　③ 其他原因

二、全包性

全包性要求设计出的选项要包括所有可能的回答，即包含变量

的所有属性。如果选项未能包含所有的可能性，就会使回答者茫然不知所从，也会让他们产生消极应付的回答情绪。其实，上述的问题2.2的答案设计就是违反全包性原则的典型例子。先把问题2.2重复如下。

📖 **问题 2.2** 请问，您父亲所接受的最高学校教育的程度是：
① 小学未毕业
② 小学毕业
③ 初中毕业
④ 高中毕业
⑤ 专科毕业
⑥ 本科毕业
⑦ 研究生毕业

在问题2.2中，答项设计违反全包性的基本要求的原因是，在我国的现在和不久前的学校教育制度中，与高中平行的学校还有职高、中专和技校，与专科平行的还有高等职业学院。而且，职高和高职的在校学生的规模非常庞大。一个可能的修改的例子如下。

📖 **问题 2.18** 请问，您父亲的最高学历是：
① 小学未毕业
② 小学毕业
③ 初中毕业
④ 高中/职高/中专/中技毕业
⑤ 专科/高职毕业

⑥ 本科毕业

⑦ 研究生毕业

很多关于问卷调查的专门书籍建议在答项中设计"其他"、"不知道"或者"不符合"等答项，以避免因答项设计考虑不周而导致回答者无项可选的尴尬状况。尽管这样做在理论上无可厚非，但本书并不建议设计者这样做，至少对这个看似灵活而有效的方法持有一定的保留态度。因为，这样做有可能产生以下几个负面作用：（1）降低设计者追求完美设计答项的动机；（2）增加回答者选择不符合个人情况的选项的内在动机；（3）导致问卷调查的效度下降。我们设计问卷的实践经验表明，如果严格按照设计程序来进行问卷设计，完全有可能穷尽答项。

如果确实需要设计这样的答项，那么就要在问卷测试阶段对此进行检查。如果回答"其他"、"不知道"或者"不符合"的调查对象比较多，就说明这个答项的设计存在着明显的缺陷，需要进一步修改。至于以多高的回答率作为需要修改的标准，则要视具体情况而定。影响标准确定的最重要的因素是测试样本的数量。如果所选择的测试样本的数量比较大，那么5%左右的"其他"、"不知道"或者"不符合"的回答率就要引起设计者的高度注意了。

三、互斥性

答项设计的互斥性是指针对一个提问，所列出的所有答项的两两之间不能相互重叠或相互包含，不能使某一类的回答者可以选择多于一个答项以上的答案，即有两个或两个以上的答案都符合某一类回答者的情况。答项设计的互斥性与单维性的基本要求往往交织在一起，即违反了答项设计互斥性原则的设计一般也易于违反单维性的原则。但是，违反单维性设计原则的原因要多一些，比如，上述的提问中就带有多维性。常见的这类错误的答项设计如下。

📖 **问题2.19**　请问，您现在的家庭居住地是：
①农村　②县城　③城市

在问题2.19中，这个答项设计就明显违反了互斥性的基本要求。出生在县城的大学生也许既可以选择"②县城"，也可以选择"③城市"。一个可能的修改的例子如下。

📖 **问题2.20**　请问，您现在的家庭居住地是：
①农村　②城市

四、敏感性

当一个提问的答项的内涵，即属性，缺乏合理的变化时，设计者能够从回答中得到的可用信息就很少，结果就无法探知实际存在的个体属性间的差异性和多样性，也就不可能在这个问题上进一步做精确的统计分析和推断。自然也就无法顺利地实现研究目的。

很显然，问题2.20的答项就缺乏敏感性。在本科生群体中，学生来自城市的比例明显较高。把规模如此庞大的本科生群体归为一类，会失之过粗。而且城市的类型也多种多样，如地级城市、计划单列市（指非省会城市的副省级城市，如大连、青岛、宁波、厦门、深圳等），省会城市、直辖市等。出身地区对学生学业影响的极端例子是来自县城与来自直辖市的大学生的差异，二者在学习动机、学业准备和本科学业表现的各个方面显然根本不同。

从提高答项敏感性的角度出发，我们对问题2.20进行修改，修改后的可能的答项设计如下。

📖 **问题2.21** 请问，您现在的家庭居住地是：
① 农村
② 乡镇
③ 县城（或县级市）
④ 地级市
⑤ 计划单列市（如大连、青岛、宁波、厦门、深圳等）
⑥ 省会城市
⑦ 直辖市

当然，如果根据研究的需要，还想进一步深入研究不同地区的本科生的学业成绩差异，家庭居住地还可以再细分。以下选取的是一个问卷调查中对家庭居住地的具体划分。

📖 **问题2.22** 请问，您现在的家庭居住地是：
① 县或县级市的农村
② 县或县级市的乡镇
③ 县或县级市的郊区
④ 县或县级市的市区
⑤ 地级市的农村

⑥ 地级市的乡镇农村

⑦ 地级市的郊区

⑧ 地级市的市区

⑨ 计划单列市（如大连、青岛、宁波、厦门、深圳等）的农村

⑩ 计划单列市（如大连、青岛、宁波、厦门、深圳等）的乡镇

⑪ 计划单列市（如大连、青岛、宁波、厦门、深圳等）的郊区

⑫ 计划单列市（如大连、青岛、宁波、厦门、深圳等）的市区

⑬ 省会城市的农村

⑭ 省会城市的乡镇

⑮ 省会城市的郊区

⑯ 省会城市的市区

⑰ 直辖市的农村

⑱ 直辖市的边远区政府所在地

⑲ 直辖市的郊区

⑳ 直辖市的市区

不过，为了提升答项的敏感性，答项设计应该详细到何种程度并没有明确标准。答项敏感性程度需要依研究目的的需要而定，不能纯粹为了答项的详细而进行详细设计。如果研究不需要如此高的答项敏感性，那么答项的过分详细化只会增加设计者的工作量和回答者的填答负担，最终结果反而会降低填答的正确率和问卷的回收率。

第三章
行为类问题设计

　　理论上，对本科生的学习行为，可以从学习行为发生的条件/原因/动机、表现/过程/活动、结果/后果/影响三个不同的角度入手进行调查。实际上，在问卷调查中，任何针对个体的社会行为的研究均是如此。

　　如前所述，个体大学生的学习行为发生的根本原因有两个：学生的学习心理和个人属性。对于这两个方面的调查问题的具体设计，我们将在本书的第四章和第五章中进行分析。本章则集中在对本科生学习行为的表现、过程、活动和结果、后果以及影响的分析上，偶尔也会涉及学习行为发生的条件，如经济资助等。在有关问卷设计的大多数书籍中，这里所说的行为的表现、过程、活动的内涵其实就是指个体的社会行为。当然，本书所针对的个体社会行为的范围要狭窄很多，主要集中在本科生学习行为有关的问题设计上。其实，本科生学习行为的范围实际上也很广。其中既有专业课程的学习，也有就业知识技能的学习，更有包括婚姻恋爱在内的校园生活和社会生活的经验积累与历练。本书中例举的问卷设计尽管以专业课程学习行为为主，但也适当包含其他方面的提问设计。同时，虽然在问卷中一个完整的问题设计既包括提问也包括回答，本书则以提问设计为主线，答项设计为辅线，这是因为，完美的提问已经在很大程度上决定了答项的质量。随后两章对问题设计的分析与叙述的基本思路相同。

第一节　行为类问题概述

一、行为类问题的性质分类

在问卷调查中，可以根据行为的威胁程度对行为类问题进行分类。[1]有些提问会使回答者感到紧张不安，甚至恐惧，从而产生防御心理，不愿意如实回答。这样一来，问卷调查获得的回答就是不真实的，以致威胁到问卷调查研究的效果。这些提问所针对的社会行为被研究者称为社会威胁行为，问卷中的相应问题则被称为威胁性行为问题。社会威胁行为具体又分为两类：社会期许行为和社会反对行为。社会期许行为的活动和结果是社会所推崇的，如努力学习、取得优异成绩和论文发表等，回答者对该类问题的回答在行为频次和程度上常常有扩大倾向。社会反对行为的活动和结果是社会所反对的，如"翘课"、论文抄袭和考试作弊等，回答者对该类问题的回答在行为频次和程度上常常有缩小倾向。除此之外的都是无威胁行为，本章中涉及的本科生的行为属于社会中性行为，如课余生活、交友活动、休闲锻炼等。

当然，完全没有任何威胁的客观行为是不存在的，不同的仅是对问卷调查效果的威胁程度。问卷设计者对问题进行设计的基本目的就

---

[1] 不同研究者对威胁的理解稍有不同。本书这里的"社会威胁"是指向调查对象询问该社会行为问题，对调查对象真实回答调查问题可能带来的威胁程度。参见[美]诺曼·布拉德伯恩（Bradburm, Norman M.），希摩·萨德曼（Seymour Sudman），布莱恩·万辛克（Brian Wansink）.问卷设计手册——市场研究、民意调查、社会调查、健康调查指南[M].赵锋，译.重庆：重庆大学出版社，2011：47–69.

是要消除这两类潜在的威胁。首先，尽量减少出现拙劣的问题设计的机会，这样的问题会让中性行为变得具有危险，或增加威胁行为的威胁程度；其次，通过更为良好的问题设计，努力降低客观威胁行为本身所具有的内在威胁的程度，至少让回答者理解对这种威胁调查如实回答的必要性。在心理类问题和个人属性类问题中，这两类设计目的同样不同程度地存在。以下，本书将先从社会中性行为类问题设计开始分析，然后再过渡到社会威胁行为类问题，最后专门分析学习结果类问题的设计。

二、行为类问题的数据分类

在问卷调查中，对于个体行为的表现/过程/活动的测量结果，研究者主要对以下三类数据感兴趣：行为有无；若有，行为发生的频次或数量；若发生数量较多，发生的频率或比例。有时候，还会询问回答者对该行为出现的某种原因的认识或对行为价值的主观评价。研究者在问卷中调查哪一类或哪几类行为，以获得相应数据，需要根据研究目的和研究需要而定。以下就以本科生"翘课"为例，简单说明不同类型数据的问题设计。

行为的有无：

问题 3.1 如今，本科生"翘课"的现象越来越多。请问，您上周是否有"翘课"？

① 是

② 否

行为的频次：

问题 3.2 如今，本科生"翘课"的现象越来越多。请问，您上周有过几次"翘课"的行为？

① 0次

② 1次

③ 2次

④ 3次及以上

问题3.1得到的数据为定性数据，问题3.2得到的数据为定序数据。如前所述，定序数据可以转化为定性数据，但是定性数据不可转化为定序数据。所以，只要客观条件许可，调查者应尽量使用问题3.2，而不使用问题3.1来设计这类提问。

行为的频率或比例：

📖 **问题3.3** 如今，本科生"翘课"的现象越来越多。请问，您上周"翘课"占应修课时的比例为：

① 非常小

② 比较小

③ 比较大

④ 非常大

回答者认识到的行为发生的主要原因：

📖 **问题3.4** 如今，本科生"翘课"的现象越来越多。请问，您所在专业的同年级学生"翘课"的最主要的原因是：

① 教师上课的教学方式乏味

② 教学内容没有实际价值

③ 自己对教学内容或专业学习不感兴趣

④ 其他客观原因，如生病、各种文艺/体育活动的排练或

汇演等

回答者对行为后果的价值判断或主观评价：

📖 **问题3.5** 如今，本科生"翘课"的现象越来越多。请问，您觉得"翘课"会对专业学习产生负面影响吗？

① 负面影响非常小

② 负面影响比较小

③ 负面影响比较大

④ 负面影响非常大

第二节　社会中性行为问题设计

与社会威胁行为或心理类问题，尤其是态度问题相比，社会中性行为问题的回答结果对提问措辞的细微差异和感情色彩不那么敏感。影响回答准确性的主要因素是回答者对问题理解的准确性与相关信息记忆的准确性。因此，在设计这类问题时，既需要让问题变得更容易被回答者准确地理解，也需要能够让回答者准确地回忆相关信息。同时，这样的提问设计也有助于提升回答者的回答意愿。社会中性行为问题的设计原则对社会威胁行为问题设计同样适用。只不过，在设计社会威胁行为问题时，还需要遵循其他的提问设计原则。社会中性行为问题设计的具体要求主要有四点，分述如下。

一、提问要尽可能具体化

让提问尽可能具体的根本原因是，这样可以让回答变得更加容易。

社会中性行为是日常生活中普遍存在和时时发生的，几乎没有任何特殊特征或规律性的行为。这类行为，若要回答者精确地回答，实际上反而非常费时费力。若设问不慎，就很难获得符合研究需要的数据。下述问题3.6就是一个明显不符合具体化要求的设问例子，而本章第一节中的问题3.5则是个较合适的例子。

📖 **问题3.6** 请您简单评价一下大学生"翘课"的行为：

① 影响非常小

② 影响比较小

③ 影响比较大

④ 影响非常大

问题3.6没有限定"翘课"者是谁（大学生的范围过于宽泛），也没有说明评价"翘课"行为的哪一个侧面，更没有界定"翘课"对什么事物的影响以及影响的方向与程度。而且，不同时代的大学生都不同程度地存在"翘课"行为。然而，随着时代的变化，大学生"翘课"行为的内涵与性质都有所不同。所以，提问的具体化要求是：界定谁在"翘课"、多大程度"翘课"、"翘课"发生的具体时间或地点等。至少要达到像问题3.5那样的具体化程度。推而广之，社会中性行为问题的具体化要明确以下侧面：谁的行为、什么行为、发生在什么时间段，有时候还需明确发生的空间。

二、选择行为发生的合适时间段

个人对过去行为回忆的准确性主要取决于以下两点：行为发生至

今的时间长短和行为的显著性。一般来说，距调查时间越近越容易回忆。行为的显著性有三个不同维度：不同寻常的程度、行为的经济/社会成本或效益、行为后果的影响程度或持续性，显著性越高越容易回忆。

那些在一生中几乎只有一次发生机会的行为事件，比如，收到大学的入学通知书或毕业典礼上被选为优秀毕业生代表发言，记忆就会特别深刻。多少年过去后，其中的具体细节，比如当时的天气，甚至自己所穿衣服的样式都会历历在目。这些行为事件，就可以设定较长的时间段，甚至可以不考虑时间段对记忆的影响。与此相比，有些日常的学习行为，比如，早上几点起床或每天的学习时间，即使是昨天的事情，也未必能够记得很清楚。

一般来说，一项行为的成本或收益越大，就越可能被回答者清晰记忆。比如，成绩较差的大学生会清楚地记得自己取得高分的几次考试，却很难回忆起大多数科目的考试成绩；与此相反，成绩优异的大学生会清楚地记得自己考试失败的经历，而不记得大多数优势科目的考试成绩。

有些行为事件会有持续影响，尤其是当有一个明显的标志物来提示这个行为事件的发生时。比如，获得国家奖学金或"市级优秀学生"称号。这些行为事件就很容易被记住。当然，这些行为事件对大学生个人一生的影响也确实持续不断的存在。比如，获得国家奖学金或"市级优秀学生"的称号将会大大有利于未来的就业，很多用人单位都愿意聘用这些毕业生。

有些行为同时符合上述三个条件或其中的两个。比如，"高中毕业后考取大学"或"本科毕业后考取国家公务员"这两件事就同时符合上述三个条件；"本科二年级转专业"这件事同时符合第二和第三个条件；"本科毕业后因天各一方与初恋情人分手"这件事同时符合第一和

第三个条件。这些行为或事件即使一年以后，甚至几年以后还会让人保留非常深刻的印象。但是，上述非常显著的行为/活动/事件毕竟是少数，大部分的个体社会行为都不那么引人注目。对于中等显著性的个体社会行为，比如，是否有男/女朋友，可以适当扩展时间段，询问回答者在1—3个月内的状况。对于大部分显得较为平淡的行为，比如，"翘课"次数，时间跨度最好不要超过一个月。一般以一个星期左右为宜。本章第一节中的问题3.1—问题3.3就是例子。

三、选择合适的措辞

与社会行为类问题的提问设计有关的词汇选择的基本原则顺次如下：（1）让样本中的所有人都能够理解问题；（2）回答者理解起来不吃力、不费时；（3）不同回答者所理解的含义高度一致；（4）回答者的理解与设计者的意图高度一致。设计出同时符合上述四个基本原则的社会行为类问题非常不容易。它不仅需要设计者具有丰富的相关问题的设计经验，还需要在设计时进行大量的访谈和试调查，并反复修改。措辞选择的基本标准是：简单、具体、中立和明确。

"简单"是指选中的词汇应该越简单越好。简单具体体现为以下几个"要"：要避免使用多义性词汇；在口语与书面语之间，要尽可能选择含义相同的口语，以尽可能让更多的回答者能够准确理解；要尽量避免否定词和否定句。当然，在本书所举的这个关于本科生的问卷调查中，这种顾忌少一些。

"具体"是指在提问设计中，对社会行为的语言表述要尽可能具体。虽然社会行为的表述有具体与抽样之分，但问卷的行为描述必须具有形象性。问题3.7就不符合"具体"这一要求。

📖 **问题3.7** 请问，您有学习拖延症吗？
　　　　① 完全没有
　　　　② 几乎没有
　　　　③ 比较严重
　　　　④ 非常严重

在问题3.7中，学习拖延症的表述过于抽象，不易理解，应再具体一些，可修改如下。

📖 **问题3.8** 请问，上周，您按时完成了各科目的作业了吗？
　　　　① 完全没有
　　　　② 几乎没有
　　　　③ 大部分按时
　　　　④ 完全按时

"中立"是指尽可能使用规范语言，避免出现不必要的感情色彩和倾向性。尽管在提问设计中鼓励使用日常用语，但这个日常用语是大部分回答者都能够理解的规范的日常用语。要尽量避免使用俚语、俗语和方言，也要避免使用褒义词和贬义词，还要避免使用专业用语。问题3.7中的"学习拖延症"就是一个典型的专业词汇，并非人人都能够准确理解其内涵。还有一个最常见的问题是，提问中具有较强的感情色彩，使提问具有了倾向性和导向性，如问题3.9所示。

📖 **问题3.9** 请问，您喜欢有利于健康的适度体育运动吗？
　　　　① 特别不喜欢

　　② 比较不喜欢

　　③ 比较喜欢

　　④ 非常喜欢

　　在问题3.9中，"有利于健康的"和"适度"两个词表达了明确的价值判断，具有强烈的倾向性和导向性。问题3.9可修改成如问题3.10所示的样子。

📖 **问题 3.10**　请问，您喜欢体育运动的程度是：

　　① 特别不喜欢

　　② 比较不喜欢

　　③ 比较喜欢

　　④ 非常喜欢

　　或者也可以把问题3.9修改成问题3.11所示的样子，通过运动次数分析回答者对体育运动的喜爱程度。

📖 **问题 3.11**　请问，上周，您进行体育运动（每次超过30分钟）的天数是：

　　① 一次也没有

　　② 1天

　　③ 2天

　　④ 3天及以上

　　"明确"是指提问设计所用的词汇和句子的语义具有唯一性。任何语言中的词汇总有一定的表义模糊性。虽然，语义模糊性可以为人类的思维留下一定的想象空间，是语言美的重要成分。但是，在问卷设计中，它就有可能会成为提高调查效果的技术障碍。所以，在提问设计中，需要高度明确语义。为了清晰地界定语义，有时候，最好设定行为发生的具体条件，即设问情景。情景叙述、解释性语句的字体最好与核心提问内容的字体不同，以作提示。这里，以作加粗处理为例。

问题 3.12　根据教育部的最新相关规定，我国所有高校的本科专业共分为 12 个大学科门类（不含军事学），包括：哲学、经济学、法学、教育学、文学、历史学、理学、工学、农学、医学、管理学、艺术学。请问，您所在的专业属于：
① 哲学
② 经济学
③ 法学
④ 教育学
⑤ 文学
⑥ 历史学
⑦ 理学
⑧ 工学
⑨ 农学
⑩ 医学
⑪ 管理学
⑫ 艺术学

有时候，还需要对核心概念进行必要的解释。

问题 3.13　请估算一下，上学年您在校期间的花费金额。**其中包括：学费（交给学校的注册费、学分费等）、住宿费 、**

伙食费、学习费用（购买书籍、参加培训、考试报名
等）、其他费用（娱乐、购买衣物等）：

① 10 000 元以下

② 10 001—15 000 元

③ 15 001—20 000 元

④ 20 001—25 000 元

⑤ 25 001—30 000 元

⑥ 30 000 元以上

四、确定问题的合适长度

提问是不是越短越好？对这一问题，传统上的问卷设计者对此一直持
肯定态度。但是，现在也有研究者认为未必如此。这是因为，实验表明，
从心理学的角度来说，更长的问题或者叫作"赘余信息"提供了记忆的线
索，而且由于较长的问题需要花费较长的阅读时间，它就同时提供了较长
的思考和回忆时间，回答者就越能够更加准确地进行回答。不过，对较长
的问题来说，现实的限制也是残酷的。那就是：回答者的本能总是倾向于
回答简短问题，而不愿意回答过长的问题。因此，设计较长的提问就需要
设计相应的回答激励手段。但是进行问卷调查的经费却又总是短缺的。

总之，在保证提问全面表达问卷设计者基本观点的前提下，提问
仍然越短越好。如果设计者准备给回答者更多的提示和回答线索，建
议采取上述设置问题情景的方式。如问题 3.14 所示。

📖 **问题 3.14** 当代大学生的经济来源呈现多样化趋势。如：父母/亲戚/
朋友的资金支持、奖学金、助学金、助学贷款、勤工俭
学、兼职实习、私人借贷等。请估算一下，上学年，在

您的经济来源中，父母的资金支持在其中占多大比重？

① 几乎全部

② 大部分

③ 一半左右

④ 小部分

⑤ 几乎没有

如果问题3.14没有设定问题情境，那么这个提问就有可能会引起不同回答者在理解上的差异。

第三节　社会威胁行为问题设计

如前所述，所有社会行为的提问都具有威胁性。所以，在社会行为类问题设计之前，必须对相关提问的社会威胁程度进行准确判断。目前为止，还不存在一些通用的准则、标准、方法或程序，可以用来有效判断对某一社会行为的提问是否具有威胁性。这主要源于个体及其社会行为的复杂性。有些社会行为对于一般人而言并不具有危险性，但由于某些特殊原因，对于某一部分人或某个人来说，可能会引起他们的痛苦回忆，因而就具有了威胁性。问卷设计者能够做到且必须做到的一点是，判断某个提问对于社会中大部分正常人来说，是否具有威胁性。

最好的方法是，问卷设计者自觉思考以下问题：对于某一提问的答项，大多数回答者是否认为其中有"对"与"错"之分。如果回答者对答项的"对"、"错"判断很明显，就说明这个提问要调查的行为是社会威胁行为。如果问卷设计者自己对此也无法确信，可以参照既有问卷中的相同或近似问题的设计来判断。如果没有前人经验可参照，就必须实施访谈或测试。

随着社会的发展和变化，有些社会行为的威胁性也会发生明显变化。比如，大学生婚恋。30年前，我国大学校园里的婚恋是绝对禁止的社会行为。此类行为一旦被发现，当事者就有被学校开除的风险。现在，尽管政府和高校也没有大力提倡和鼓励，但大学生结婚，甚至生子都已是合法行为。有时候，本科生如果临近毕业还没有恋人，还可能被周围默认为"有问题"。也就是说，大学生婚恋已经从社会反对行为变成了社会期许行为。

当然，大部分社会行为的性质变化程度都没有这么大。整体来说，对于问卷设计者来说，具有威胁性或者敏感性的社会行为变得越来越少。而且，即使一些社会行为仍然具有敏感性，但是敏感程度也在不断地降低。这是整个社会意识不断走向开放的重要表现。尽管如此，我们在设计问卷时，也不能忽视问题敏感性对问卷调查后果的负面影响。

针对社会威胁行为，关键是采取巧妙迂回的策略，以降低提问的威胁性。具体而言，对于社会反对行为要降低提问的反对感，对于社会期许行为要降低提问的期许感。主要方法有：使用俗语或当前流行的词汇、使用较长的提问、灵活变换行为的时间范围、适当变化行为者的指定、变化提问所针对的数据维度和使用某种权威为威胁行为正名等，分述如下。

一、使用俗语或当前流行的词汇

在针对社会中性行为的提问设计中，我们是比较反对使用俗语的。但是，在针对社会威胁行为的提问中，为了降低问题的敏感性，有时可以尝试使用一些意义较为明确的俗语或非正式语。这是因为，这些词汇之所以产生并在学生中流行，本身就是为了避免原有词汇中的威胁性。比如，"翘课"这个词，规范的官方用语是"旷课"，"旷课"意味着要受到来自学校正式规则的不同形式的"制裁"，而"翘课"就是一个比较轻快和带有调侃意味的非正式词汇。再如，以"挂科"代替"不及格"的道理也是相同的。但是，这仅仅针对提问中的核心词汇而言，不能推广至整个提问。而且，这种词汇应该是已经约定俗成的，具有相对稳定的内涵。

📖 **问题 3.15**　在大学里，有很多女生戏谑地把男朋友称为"男票"。请问，您现在有明确的"男/女票"吗？
① 没有
② 有
③ 说不清楚

二、使用较长的提问

我们知道，对不具威胁的行为的问题，要尽可能避免设计较长的提问。但是，针对社会威胁行为的问题可以考虑适当使用较长的提问。这是因为，较长的提问可以一定程度地掩盖敏感词汇，从而削弱其敏感性。这首先要准确判断提问是否有威胁性及其威胁程度。如上所述，这个判断绝非简单地能够做到，需要一定的经验与技术，这是问卷设计的难点所在。

📖 **问题 3.16**　大学期间，尽管大部分学生都很努力学习，但是，由于很多课程的内容量大，而且部分内容过于深奥，致使部分同学挂科。请问，您在上学期有过挂科的情况吗？具体情况是：

① 没有挂科

② 挂了1科

③ 挂了2科

④ 挂了3科及更多

这里，一学期的挂科数量最高仅仅设计为3。这是因为，既有调查表明，在一个学期之内，大部分挂科者所挂科的数量基本都不会高于3科。同时，为了让偶尔挂科超过3科的同学有答项可选，设计了"④ 挂了3科及更多"这一答项。

三、灵活变换行为的时间范围

对于社会反对行为而言，在其他方面相同的情况下，发生在过去的行为与当前行为相比，威胁性要小得多。所以，比较好的提问方法是把行为发生的时间拉长，以冲淡回忆所带来的不愉快甚至痛苦。比如，用如下的句式开始："在过去的一个月里，您是否曾经……?"但是，如前所述，回答者对时间久远的行为的准确回忆较为困难。这是一个两难问题。问题3.17就是一个较好的例子。在这个例子中，同时使用了多种提问设计的方法。

📖 **问题3.17** 在大学学习期间，有些同学因为不小心，会损坏学校的设施设备。这些损害的程度有大有小。小损害的例子有：水笔的墨水撒在了课桌上，但是却没有及时擦去。请问，您在过去一个月里，有过类似的行为吗?

① 有

② 无

对于社会期许行为而言，在其他方面的条件基本相同的情况下，当前行为比过去发生行为的威胁要小得多。这是因为，面对社会期许行为，没有做该类行为的时间越短，记忆越清晰，相应地，也就越容易如实回答。对本科生而言，问题3.18是一个有明显缺陷的例子，因为对于年代久远的小学和初中的获奖记录，大多数同学早就没有任何印象了。问题3.19就比较合理，因为，一般来说，本科生对高中阶段的获奖情况的记忆比较清晰和准确。

问题 3.18 请问，您在过去的学习阶段中获得过哪些奖项？（请在符合您情况的地方打"√"）

学习阶段	优秀学生	学业奖学金	其他奖项
幼儿园阶段			
小学阶段			
初中阶段			
高中阶段			
本科阶段			

问题 3.19 请问，您在过去的学习阶段中获得过哪些奖项？（请在符合您情况的地方打"√"）

学习阶段	优秀学生	学业奖学金	其他奖项
高中阶段			
本科阶段			

对于社会威胁行为，还要区分它是经常性行为还是偶发性行为。对于经常性行为，行为的时间范围对回答没有实质性影响；但对于偶发性行为，如果选择的时间范围过短，也许就在你询问的时间段内恰好没有该类行为的发生，这样得来的调查结果显然是不真实的。所以，在提问设计时，要充分和仔细考虑偶发性行为发生的可能周期。问题3.20就是一个比较合理的例子。

问题3.20 请问，在过去的一学年里，在您选修过的所有课程的课堂上，在老师授课过程中，出现过学生当面顶撞老师的现象吗？

① 有

② 没有

四、适当变化行为者的指定

在前置的情景陈述中，说明此种行为很常见。比如，使用"人人都这样"的词句，以此来减少这样的提问对回答者本人的威胁性，也可以明确设定行为者不是回答者，而是回答者的同学、朋友、家人等。当然，这样设问的前提是这些人的各种条件与回答者是相似的。

问题3.21是调查大学生婚前同居的例子。尽管现在我国法律明确规定本科生可以结婚，社会习俗也接受了本科生结婚这一社会现象。但是，我国社会习俗普遍对婚前同居尚持较强烈的否定态度。所以，本科生婚前同居是问卷设计中的社会威胁行为。

问题3.21 现在，很多本科生在确定了恋爱关系后，就搬出学生

寝室，开始了只有两人世界的小家庭生活。请问，您
赞同这种生活方式吗？

① 完全不赞同

② 几乎不赞同

③ 比较不赞同

④ 完全赞同

　　如果问卷能够在另外的提问中设计一个测量回答者恋爱关系的
提问，那么，两个问题相结合，完全可以较为精确地推断出当前回答
问题的本科生是否有婚前同居行为的基本情况。当然，其中推断错误
的危险也是同时存在的。因为，口头上的赞同未必意味着行动上的
同调。

　　问题3.22是调查家庭经济条件对大学升学的制约影响的例子。家
庭经济条件也是一个敏感现象，很多人不愿意让外人知道。据研究，
越是家庭经济困难的本科生，越是如此。[1]所以，在调查家庭经济状况
时，可以采取如下的方式设计问题。

📖 **问题3.22**　请问，在您高中的同班同学中，有因为家庭经济原因
而放弃升大学的吗？

① 完全没有

② 几乎没有

③ 比较多

---

[1] 林建玲. 冲突与协调：高校资助工作中家庭经济困难大学生的隐私权保护. 西部素质教育, 2019（1）:
185−186.

④ 非常多

调查经验表明，这个关于家庭经济状况和大学升学之间的设问非常巧妙而精确。统计结果显示，这一提问的回答结果与本科生学业成绩的回答项高度相关。

五、变化提问所针对的数据维度

一般而言，由调查所获得的数据越具体、越详细越好。但是，对于社会威胁行为，未必如此。在其他方面相同的情况下，不管是社会反对行为还是社会期许行为，较概括和抽象的提问较容易被回答者如实回答。所以，较好的做法是，用行为的频率代替次数，用大致范围代替具体数字。根据这个要求，可以对问题3.3进行一定程度的修改，修改后的问题如下。

📖 **问题3.23** 如今，大学生"翘课"的现象越来越多。请问，您上周"翘课"占应修课时的比例超过了20%吗？
①是
②否

至于设定"翘课"的比例为多少，这需要有相应的理论基础来支撑。本书之所以这样设计，是因为有些专家认为，如果缺课超过20%，就会影响学生的学习质量。[1]

---

[1] 阎光才.大学生"翘课"行为对未来职业有何影响.教育发展研究，2017（23）：1-6.

六、使用某种权威为威胁行为正名

如果把问题的文字表述归结为回答者喜爱或尊重的人物的观点，这样的陈述有利于降低提问的敏感性，促使回答者给出最接近真实情况的回答选择。当然，这里"回答者喜爱或尊重的人物"最好是较为一般的社会群体，比如，医生、科学家、专家学者等，而非特指某一具体的个人。如果某个人非常著名，而且已经成为某一群体的代表或文化象征，这个人也可以比较具体，比如，鲁迅。以下是我们调查本科生恋爱情况时，提问设计的例子。

📖 问题 3.24　法国著名学者蒙田说过："我需要三件东西：爱情、友谊和图书。"爱情常常会给求学生涯留下很多美好的回忆，有时还会夹杂些许忧伤或苦涩。请问，您本学年有明确了恋爱关系的男/女朋友吗？
①有这样的朋友
②没有这样的朋友

这个提问不仅使用了权威正名法，还综合使用了多种技巧，比如，上述的"使用较长的提问"技巧。在提问里，增加了很多与提问密切相关的情景陈述的话语。同时，答项也不是简单、略显冰冷的"有"与"无"，而是较为温和的"有这样的朋友"和"没有这样的朋友"。但是，对这个问题，一般问卷的提问却不是这样。问题 3.25 是常常被用来做这方面调查的提问形式。

📖 问题 3.25　请问，您现在有明确了恋爱关系的男/女朋友吗？
①有

② 无

第四节 学习结果的问题设计

一个学习行为长期持续下去，必然会带来本科生在相关方面的显著变化，如知识的增进、技能的提升等，这些变化即是学习结果。尽管根据结果合目的性的差异，学习结果有正面（符合预想目标）结果和负面（不符合预想目标）结果之分。这个意义上的学习结果就等同于学业成绩，它也是学习行为调查研究的重要对象。对学业成绩的调查研究也是当前教育学的重要领域之一。学业成绩体现在德智体的所有方面，不仅有行为的，还有认知的和情感的。本节仅仅分析专业课学习成绩、一般性知识水平和学业自我评价方面的问题设计。

一、专业课学习成绩问题的设计

问卷中的专业课学习成绩有三种测量方式。第一种是使用考试测量的结果。对于本科生专业课学习成绩的测量存在各种官方记录，我们在调查中可以直接采用这些记录。第二种是在问卷中设计一些专业知识的测量问题。这个难度很大，不仅涉及专业的理论知识，而且还涉及不同专业间的知识比较。第三种是让学生自填。尽管这有点类似于下述的自我评价，但是实际填写的内容仍然是学生记忆的官方测量的结果。这里就会产生上面已经论述过的两个问题：记忆的准确度和社会期许的影响。因此，不再赘述避免这类问题产生的方法。

本人曾经从三个角度设计专业课学习成绩的问题：专业课学习成

绩的达标、优秀程度、年级相对位置。专业课学习成绩的是否达标用
"是否挂科"来表示，专业课学习成绩的优秀程度用"是否获得各级奖
学金"来表示，专业课学习成绩的年级相对位置用"年级排名"来表
示。具体设计分别如下。

调查学生专业课学习成绩是否达标的问题3.26是问题3.16的重复。

📖 **问题 3.26** 大学期间，尽管大部分学生努力学习，但是，由于很多课
程的内容量大，而且部分内容过于深奥，致使部分同学挂
科。请问，您在上学期有过挂科的情况吗？具体情况是：
① 没有挂科
② 挂了1科
③ 挂了2科
④ 挂了3科及更多

问题3.27是调查学生专业课学习成绩的优秀程度的例子。

📖 **问题 3.27** 大学期间，获得学业奖学金是一件无限光荣但又非常
困难的事情，一般一个专业只有少数同学才能获得。
请问，您在上一学年度是否获得过以下学业奖学金？
（请在符合您情况的地方打"√"）

奖学金名称	是	否
国家级奖学金	○	○
省/直辖市/自治区级奖学金	○	○
校级奖学金	○	○
其他奖学金	○	○

问题3.28是调查学生专业课学习成绩的年级相对位置的例子。

📖 **问题3.28** 请问，上一学年，您的专业学习成绩在本专业所有学生中处于什么水平？
　　① 前10%
　　② 前11%—前20%
　　③ 前21%—前30%
　　④ 前31%—前40%
　　⑤ 前41%—前50%
　　⑥ 前51%—前70%
　　⑦ 后30%（不含正好处于后30%的情况）

二、一般性知识水平问题的设计

与上述的专业课学习成绩相比，问卷调查更关心的是本科生的一般性的知识素养。比如，英语知识水平、计算机知识水平、普通话水平、传统文化知识、个人素养知识、公共卫生知识等。对于这些知识水平的测量，当然可以直接设计相关问题来调查，但更多的是利用各种竞赛、资格考试的结果。因为，针对本科生的相关的资格考试或水平考试在我国很发达，这些考试都是全国性的统考，其结果更具有本科生知识水平的校际间的可比性。

问题3.29是调查学生英语知识水平的例子。

📖 **问题3.29** 请问，在您参加过的大学英语六级考试（如您是英语专业，则为专业英语八级考试）中，总成绩最高的一次是否达到或超过了及格线（2017年下半年以来的六级考试取消了及格线，请参考以前的及格线，以前的及格线为425分）？

① 达到或超过了及格线

② 低于及格线

③ 未参加考试

问题3.30是调查学生计算机知识水平的例子。

📖 **问题3.30**　请问，大学期间，您是否获得了国家计算机考试等级证书？如果有，请选择所获得的最高等级：

① 一级

② 二级

③ 三级

④ 四级

⑤ 参加过考试但未获得

⑥ 未参加过考试

问题3.31是调查学生普通话水平的例子。

📖 **问题3.31**　请问，大学期间，您是否获得了普通话水平测试等级证书？请选择所获得的最高等级：

① 一级甲等

② 一级乙等

③ 二级甲等

④ 二级乙等

⑤ 三级甲等

⑥ 三级乙等

⑦ 未参加过考试

三、学业自我评价问题的设计

现在，越来越多的调查开始关注大学生的内心世界，因此，高校提供的教学与学习条件、教学质量、学业成绩和综合发展满意度的自我评价越来越多。这类问题，尤其是答项，与下一章的态度测量的设计非常相似。故这里仅举数例来说明问题设计，而不再进行具体分析。

问题 3.32 请问，您对所在高校所学专业的教学条件满意吗？

① 非常不满意

② 比较不满意

③ 说不清楚

④ 比较满意

⑤ 非常满意

问题 3.33 请问，您对所在高校所学专业的教学质量满意吗？

① 非常不满意

② 比较不满意

③ 说不清楚

④ 比较满意

⑤ 非常满意

问题 3.34 请问，您对自己过去一年来所取得的学业成绩满意吗？

① 非常不满意

② 比较不满意

③ 说不清楚

④ 比较满意

⑤ 非常满意

📖 **问题 3.35**　请问，您对自己过去一年来各方面的综合发展满意吗?

① 非常不满意

② 比较不满意

③ 说不清楚

④ 比较满意

⑤ 非常满意

第四章
心理类问题设计

本章首先从人类个性心理的一般构成出发，指出个性倾向性，尤其是其中的态度是问卷调查重点关注的对象，并对问卷调查涉及的态度的内涵与类型进行了简单概述。接着，选择教育心理学家最为关注的大学生心理特征之一——学习行为方式，介绍如何借鉴已经建构成熟的量表进行问卷设计。最后，详细分析与大学生的各种一般态度相关的问题设计。

第一节　心理类问题分类

本书涉及的心理类问题是针对本科生个性心理的调查。如前所述，个性心理被认为是本科生学业成绩的重要影响因素。个性心理是迄今为止被研究得最为详细的心理学领域。我国研究者一般认为，个体的个性心理包括个性心理特征、个性倾向性和自我意识三个侧面。个性心理特征又包括能力、气质和性格，它表现了个体典型的心理活动和相应的外显行为的特点；个性倾向性表现了个体的意识倾向，是个体行为活动的动力系统，由需要、动机、兴趣、理想、信念、态度和价值观等组成；自我意识是个性心理结构中的自我调节系统，主要包括自我认识、自我体验和自我控制三种成分。研究者大都相信，与人类一般心理过程具有普遍的共性不同，个性心理具有个别性，体现了个体的差异。但是，这些个体差异在个体进行的不同性质的行为活动中，又体现出一定的共性，即个性心理的相对稳定性。比较而言，个性心理特征比个性倾向性稳定，个性倾向性比自我意识稳定。①

在与学习有关的心理影响因素的定量研究中，与较为稳定的能力、气质和性格相比，研究者更为关注个性倾向性和自我意识对学习的影响。因为，这些因素比较容易为学校教育所改变或加工。心理学中对个性心理的研究方法多样，其中定量测量是最重要的方法之一。为了精确地进行定量测量，经过历代研究者的不懈努力，已经开发出了各式各样的心理测量量表。这些量表不仅在心理学领域，在其他各个学科领域，如经济学、社会学和教育学的相关研究中也被广泛地使用。如果我们要测量和本科生的学习行为相关的心理特征，就不能不参考这些既有的个性心理量表。而且，现在的教育心理学者们还专门研究了大学生的学习心理，尤其是学习风格、学习方式、学习目标、学习模式和学习参与等，并开发出了很多成熟的测量量表。但是，人类行为背后的心理机制非常复杂。个体并不总是在不同活动中保持个性心理的一致性，尤其是个性倾向性，比如态度。态度是问卷调查的重要内容，其复杂性体现在以下三个方面。

第一，态度是一连串的意见的组合。同一态度的不同意见之间未必总是保持一致的。比如，努力学习的态度。对于在校大学生需要努力学习这一点，一般来说，没有大学生会明确表示反对。但是，一方面，某位大学生可能会认识到努力学习在知识获得上的重要性，另一方面，他可能又觉得学习专业知识这一行为本身对个人的在校发展和今后的人生发展而言并不那么重要。这样的矛盾心态就阻碍了其努力学习过程中一致行为的产生。

---

① 以上内容整理自叶奕乾，孔克勤，杨秀君.个性心理学(第四版)[M].上海：华东师范大学出版社，2016.

第二，态度总是指向具体的、特定的事物。当目标指向的事物发生了变化或者行为活动发生的具体环境有了明显的变化时，相应的态度自然也会有不同程度的变化。仍以努力学习这个学习态度为例来说明，有些本科生碰到自己喜欢或擅长的学科会表现得更努力一些，而碰到自己讨厌或感到较难的学科则会表现出退缩或畏难的心态，在该学科的学习行为上，就表现出不是特别努力的样子。同样，如果某位学生觉得任课老师喜欢自己，那么他就会在这一科目上努力学习，反之则不那么努力学习。经典的罗森塔尔效应就说明了这一点。①

第三，态度包含认知、评价和行动三种不同的成分。三种成分之间经常不一致。仍以努力学习为例来说明。努力学习态度的三个成分分别是：认识到努力学习对专业知识学习的重要性（认知），自己愿意并喜欢努力地学习（评价），日常中致力于努力学习行为的频次（行动）。一致性的努力学习的态度是：如果认识到努力学习的重要性，必然愿意努力学习，并采取相应的符合努力要求的学习行动。然而，现实是，能够认识到学习重要性的大学生很多，而反思自己学习努力程度的较少，采取相应努力学习行动的大学生则更少。态度问题通常针对的是个体的认知与评价，是影响学习行为的重要心理因素，故在问卷调查中最受关注。

在研究大学生的学习心理特征时，既要学会利用和借鉴既有的量表，设计出合理的问题，以测量较为稳定的心理特征，也要能够设计出合适的问题来测量相对具体而易变的学习态度等变量。很多

---

① 罗森塔尔效应，亦称"皮格马利翁效应"或"人际期望效应"，是一种社会心理效应，指的是教师对学生的殷切希望能戏剧性地收到预期效果的现象。Robert Rosenthal. "Pygmalion": Effects: Existence, Magnitude, and Social Importance[J]. *Educational Researcher*, 1987, Vol. 16, No. 9: 37-41.

研究者常把易变的态度叫作社会心态。社会心态随孕育该心态的社会环境的变化而经常变化。比如，不同时代的本科生对英语学习态度的变化就很大。在问卷调查中，相对于个体的稳定心理特征测量，研究者更关注在某一时空条件下，调查对象对某一具体事物的特定态度。比如，最近教育部出台了很多有关本科教育与教学的文件。其中，一个特别引人注目的政策就是要求各高校在教育教学中，给本科生适当"增负"。在全社会对基础教育以素质教育之名行减负教育之实的几十年间，高等教育中的"水课"也在增多，学业管理宽松。现在，高等教育的政策转向和相应的"增负"政策的出台无异会给社会各界，尤其是高校的教职员工和在校本科生带来心理上的巨震，要求他们必须相应地调整自己的教学行为和学习行为。如果研究者针对本科生"增负"进行问卷调查，无疑是想准确把握大学生对这个政策的真实态度，及该政策可能带来的教学和学习行为上的改变。这时候，与专注于测量相对稳定的心理特征的量表相比，问卷就更能发挥作用。

通过心理量表测量而得到的都是定序变量，如下所述，其答项一般采取从低到高、从弱到强顺序的编排方式。所以，答项设计相对较为简单。但是，心理类问题的提问对调查对象几乎都具有心理威胁，导致回答效度降低，而且比社会行为类问题中的威胁强度要大得多。所以，为了降低威胁程度，相应的注意事项就更多。不仅要遵循行为类问题设计的基本原则，还需要遵循一些特殊的心理类问题的设计原则。接下来，首先，将介绍如何借鉴既有量表进行心理类问题设计的基本方法，然后，再介绍一般态度类问题设计的基本方法。

第二节 学习方式问题设计

学生能够使用深层学习方式进行专业知识学习是世界各国高校教育教学的理想。所以，世界上对本科生深层学习方式的研究历史悠久，其中有影响的经典研究成果很多。本节以经典的深层学习方式量表为例，介绍通过借鉴既有量表，进行心理类问题设计的基本方法。

一、深层学习方式问题设计

个性心理特征体现在学习活动上，就是学习心理特征。迄今为止，测量大学生学习心理的量表非常多，主要有学习风格量表和学习方式量表等。下面介绍著名的深层学习方式量表。测量深层学习方式的量表也有很多，这里介绍的大学生深层学习量表截取自约翰·比格斯（John Biggs）的大学生学习方式量表。原量表最初出现于20世纪70年代，后几经修改。修改后的量表的最新版本公开发表于2001年。其后，未再做任何修改。该量表目前为世界各地的大学生学习研究者所广泛使用。原量表既能够测量大学生的深层学习方式，也能够测量大学生的浅层学习方式。本书仅仅截取了其中测量深层学习方式的量表。

原量表的答项是典型的心理学量表的答项排列方式。表示提问的各个题项集中起来，完全放在答题纸的左侧；而内容和数量相等的答项则集中起来，完全放在答题纸的右侧。为了说明方便，本书对编排形式进行了略微的改动。改动后，答项竖放于提问之下。

📖 **问题 4.1** 有时候学习会带给我一种深深的内在满足感。
① 完全不符合或很少符合
② 有时符合
③ 大概有一半符合
④ 大部分时候符合
⑤ 完全或几乎完全符合

📖 **问题 4.2** 只有做了充足的准备之后再下结论，我才会满意。
① 完全不符合或很少符合
② 有时符合
③ 大概有一半符合
④ 大部分时候符合
⑤ 完全或几乎完全符合

📖 **问题 4.3** 实际上只要我专心投入，任何学习内容都会让我觉得非常有趣。
① 完全不符合或很少符合
② 有时符合
③ 大概有一半符合
④ 大部分时候符合
⑤ 完全或几乎完全符合

📖 **问题 4.4** 我经常花更多的时间去学习我感兴趣的知识。
① 完全不符合或很少符合
② 有时符合
③ 大概有一半符合
④ 大部分时候符合
⑤ 完全或几乎完全符合

📖 **问题 4.5** 学习学术性知识有时候就像阅读一本好小说或看一部好电影一样有趣。

① 完全不符合或很少符合

② 有时符合

③ 大概有一半符合

④ 大部分时候符合

⑤ 完全或几乎完全符合

📖 **问题 4.6** 为了完全理解新知识，我会自我测验。

① 完全不符合或很少符合

② 有时符合

③ 大概有一半符合

④ 大部分时候符合

⑤ 完全或几乎完全符合

📖 **问题 4.7** 因为学习内容有趣，所以我学习很努力。

① 完全不符合或很少符合

② 有时符合

③ 大概有一半符合

④ 大部分时候符合

⑤ 完全或几乎完全符合

📖 **问题 4.8** 课余我会花大量的时间学习课堂上讨论过的内容。

① 完全不符合或很少符合

② 有时符合

③ 大概有一半符合

④ 大部分时候符合

⑤ 完全或几乎完全符合

📖 **问题4.9** 我会带着我尚未理解但想知道答案的问题进入课堂。
① 完全不符合或很少符合
② 有时符合
③ 大概有一半符合
④ 大部分时候符合
⑤ 完全或几乎完全符合

📖 **问题 4.10** 我特别重视去阅读老师在课上建议阅读的材料。
① 完全不符合或很少符合
② 有时符合
③ 大概有一半符合
④ 大部分时候符合
⑤ 完全或几乎完全符合

深层学习方式包含动机与策略两个方面。问题4.1、问题4.3、问题4.5、问题4.7、问题4.9用于测量大学生的深层学习动机，各题的得分总和就是深层学习动机的最终得分；问题4.2、问题4.4、问题4.6、问题4.8、问题4.10用于测量大学生的深层学习策略，各题的得分总和就是深层学习策略的最终得分。动机得分和策略得分加起来就是深度学习方式的总分。该量表还有对应的测量中学生，尤其是高中生学习方式的版本。

最初，该量表附带有常模。常模告诉使用该量表的研究者，不同专业的本科生的深层学习方式的正常得分。但是，后来问卷开发者比格斯删去了常模这一项。这是因为他认为，随着高等教育规模的扩张、专业多元化的发展和学生属性多样性的提升，深层学习方式的常模，即标准学习方式已不复存在。这符合高等教育发展的现实和趋势，也符合社会价值多元化发展的现实和理念。

二、量表的组织编排方式

经常使用的量表编排方式有三种。

上述深层学习方式测量量表是典型的李克特（Rensis Likert）量表。李克特量表的答项可以采取4、5、7或10的量表刻度。不同刻度优缺点不同，目前以5度刻度最为普遍。李克特量表背后隐含的基本理论是：态度可以被看作由个体持有的，与信念、评价和行动相关的一组命题。量表的分数计算很简单，把各项得分直接相加即可。李克特量表使用非常普遍。使用李克特量表时，由于数个提问的答项完全相同，研究者常常使用矩阵表格的形式来展现一组提问和答项。比如，我们可以将问题4.1—问题4.10整理成一张表，具体如下。

📖 **问题 4.11** **每位大学生都有不同的学习风格、方法和方式。**请根据您在课程学习中的实际情况选择相应的选项。

问　　题	完全不符合或很少符合	有时符合	大概有一半符合	大部分时候符合	完全或几乎完全符合
○ 1. 有时候学习会带给我一种深深的内在满足感。	①	②	③	④	⑤
○ 2. 只有做了充足的准备之后再下结论，我才会满意。	①	②	③	④	⑤

（续表）

问　　题	完全不符合或很少符合	有时符合	大概有一半符合	大部分时候符合	完全或几乎完全符合
○ 3. 实际上只要我专心投入，任何学习内容都会让我觉得非常有趣。	①	②	③	④	⑤
○ 4. 我经常花更多的时间去学习我感兴趣的知识。	①	②	③	④	⑤
○ 5. 学习学术性知识有时候就像阅读一本好小说或看一部好电影一样有趣。	①	②	③	④	⑤
○ 6. 为了完全理解新知识，我会自我测验。	①	②	③	④	⑤
○ 7. 因为学习内容有趣，所以我学习很努力。	①	②	③	④	⑤
○ 8. 课余我会花大量的时间学习课堂上讨论过的内容。	①	②	③	④	⑤
○ 9. 我会带着我尚未理解但想知道答案的问题进入课堂。	①	②	③	④	⑤
○ 10. 我特别重视去阅读老师在课上建议阅读的材料。	①	②	③	④	⑤

矩阵量表的设计虽然大大地节省了问卷的卷面空间，具有较高的经济效率性，但是由于多个性质近似的提问挤在一起，不仅易于造成视觉上的互相干扰，在调查对象回答时也有可能形成选项上的互相干扰。所以，建议在问卷调查中，尽量避免使用矩阵量表。

另一个较常用的量表形式是戈特曼（Louis Guttman）量表。与李克特量表相比，戈特曼量表的不同之处在于，如问题4.12—问题4.14所示，它把不同问题设计成强度逐渐增加的序列体。而在李克特量表中，不同题项间的关系是无序的。这样一来，戈特曼量表的分数计算方法也就变得比较复杂，而且要受到研究者预先设定的计分权重的影响。

📖 **问题 4.12** 请问，您现在计划本科毕业后考硕士研究生吗？

① 是

② 否

③ 未决定

📖 **问题 4.13** 请问，您现在计划本科毕业后考重点大学的硕士研究生吗？

① 是

② 否

③ 未决定

📖 **问题 4.14** 请问，您现在计划本科毕业后考北京大学的硕士研究生吗？

① 是

② 否

③ 未决定

还有一种常用的量表形式是瑟斯顿（Louis Thurstone）量表。它的提问设计和答项计分的规则更复杂，使用相对不易。这里不再做详细介绍，感兴趣的读者可以参考相关书籍进行学习。

三、借鉴既有量表的注意事项

目前，在学习心理的研究过程中，借鉴既有心理测量量表的做法越来越普遍。借鉴有三种基本形式：（1）对原量表不做任何改变，直接使用；（2）截取原量表的一部分，但不修改，直接使用截取的该部分内容；（3）对整个量表或要使用的那部分量表，根据研究目的加以必要的修改，然后使用。从提高研究效率的角度来说，对现有量表的借鉴既是必须的也是必要的。但是，借鉴既有量表需要高度谨慎，尤其需要注意以下三个方面。

第一，借鉴不是直接搬用或简单套用既有量表。借鉴既有量表的基本前提是：首先，需要认清既有量表测量的概念内涵和适用的特殊的测量环境。每一个高度成功的测量量表都是基于当时独特的研究目的和需要而被开发出来的。而且，越是这样的量表就越缺乏较高的通用性。

第二，一般来说，在选定准备借鉴的量表之后，还要根据自己当前的研究目的和研究领域对测量量表加以合理的、有目的的改造。比如，比格斯的大学生学习方式量表本来是针对本科生学习的测量量表，如果要用这个量表来测量研究生的学习方式，那么，就要进行一定程度的适应性改造。毕竟，研究生和本科生所处的学习环境的内在性质相差太多。再如，比格斯的大学生学习方式量表本来是用来测量澳大利亚的本科生的学习方式，如果要用这个量表来测量我国大学生的学习方式，很显然，也需要进行一定程度的改造。因为，两个国家的本科生所处的学习环境的差异很大。然而，尽管该量表在国内一直被广泛地使用，但是谈论对其适用性进行改造的研究却没有。这对于严格的定量研究而言，不能不说是一个不小的在方法论上的遗憾。

第三，研究者在长期的实践中，积累了大量的对既有量表进行借鉴和修改的经验，并从中总结出了对量表进行改造的严格的理论要求和相关的操作程序。当然，从理论角度来看，量表改造完成之后，还需要对改造过的测量量表的信度进行实际检测。只有经过多种信度的检测，确认改造过的量表信度符合基本要求，才能在后续研究中投入使用。

第三节　学习、校园生活等相关的态度类问题设计

社会变化如此之快，新事物和新趋势层出不穷，令人目不暇接。人们对这些新事物和新趋势总会有某种认识和看法，有时候还会形成一段时间内相对稳定或比较一致的信念。相对于稳定的个体态度，这些态度容易受社会环境的影响而变化，故常被称为社会心态，是社会心理学研究的重要对象。这对于社会科学研究来说特别重要。这是因为新事物和新趋势有利于进行创新性研究，并发展成创造性理论体系。对于新事物和新趋势，有时候问卷设计者会发现根本无法找到合适的测量量表，可供当前的研究来改造和借鉴。而且，有时候问卷设计者并不想对人们的社会心态进行系统的心理学式的测量，只准备对其粗线条地把握。这时候，设计一两个心理类的问题

即可。比较而言，这样的研究对象和研究目的的情形最多，而这也是问卷比传统的量表更能发挥数据收集功能的地方。

但是，问卷对社会心态的测量方式也在不断地发展变化。整体上是越来越严格化，或者说其发展更加科学化。传统上，长期以来，问卷对社会心态的测量是粗线条式的。比如，某研究者如果要测量人们对中小学生参加课外培训的态度，可能使用如下提问："您希望您的孩子参加课外培训吗？"然后设计"① 是"与"② 否"两个比较简单的答项，供回答者选择。当然，这与问卷最初的功能定位有关。问卷诞生之初，在很长一段时间内，只不过是用来把握社会现状，尤其是了解当时舆情的简单工具。不过，随着问卷越来越多地被用于学术研究中，它就被嗜好"合理"的研究者从各个方面加以合理化改造。时至今日，在严格的学术研究中，问卷对社会心态的测量也越来越倾向于采取心理学中的用量表测量的方式，即用一组相关而独立的提问来测量研究者感兴趣的某一个社会心态概念，争取对该概念全方位把握，而不是像传统问卷那样，仅仅使用一两个简单的提问，以免挂一漏万。

在社会心态调查上，社会科学的定量研究者主要关注两点：人们对新事物、新趋势的主观评价以及相关的行为意图。具体到本书设定的研究议题上，随着高等教育规模的持续扩张，我国高校在校本科生人数已经位居世界第一。相应地，本科教育与教学活动的性质也发生了根本性的变化。在这种情况下，本科生在专业课程学习、校园生活和课外活动、职业规划和就业、交友和恋爱婚姻等方面的基本态度肯定都与过去的几代本科生有着显著不同。为了提高本科教育教学的针对性和有效性，本科生的有关态度值得深入研究。

一、专业课程学习问题设计

对于本科生来说，在专业课程学习过程中，面临着很多学习上的行为选择。最重要的学习选择是：专业选择、学习计划制定、转专业、修读第二学位（或辅修其他专业）和课程选修等。

问题4.15—问题4.18是关于专业选择的问题设计。

📖 **问题 4.15**　很多既有调查都发现，由于多种客观因素的影响，不同本科生对自己就读专业的喜爱程度不同。请问，您对本专业的喜爱程度是：

① 非常不喜欢

② 比较不喜欢

③ 说不清楚

④ 比较喜欢

⑤ 非常喜欢

📖 **问题 4.16**　一般而言，在进高校之前，大家对自己即将学习的专业都充满向往，高度满意。但是，进校学习一段时间之后，对专业的态度就会产生变化和分化。有些学生变得更满意，有些学生则变得不满意了。请问，您现在对专业的满意度与入学之初的满意度之间的变化程度为：

① 变化非常小

② 变化比较小

③ 基本没有变化

④ 变化比较大

⑤ 变化非常大

📖 **问题 4.17** 请问，您对当前所学本科专业的课程设置的满意程度为：
① 非常不满意
② 比较不满意
③ 说不清楚
④ 比较满意
⑤ 非常满意

📖 **问题 4.18** 请问，您对本专业的专业课本科教师队伍的教学水平的
满意程度为：
① 非常不满意
② 比较不满意
③ 说不清楚
④ 比较满意
⑤ 非常满意

问题4.19—问题4.22是关于学习计划制定的问题设计。

📖 **问题 4.19** 请问，您每天的学习计划的明确程度为：
① 非常不明确
② 比较不明确
③ 说不清楚
④ 比较明确
⑤ 非常明确

📖 **问题 4.20** 请问，课堂之外，您每天用于专业课学习的时间为：
① 非常少
② 比较少

③ 不多不少

④ 比较多

⑤ 非常多

📖 问题 4.21 请您综合考虑各种因素，评价自己平时按学习计划进行学习的严格程度为：

① 非常不严格

② 比较不严格

③ 说不清楚

④ 比较严格

⑤ 严格按照

📖 问题 4.22 请问，您对本校本专业实施的本科生学习指导措施的满意程度为：

① 非常不满意

② 比较不满意

③ 说不清楚

④ 比较满意

⑤ 非常满意

问题4.23—问题4.26是关于转专业的问题设计。

📖 问题 4.23 请问，您所在专业的同学转专业到其他专业的人数为：

① 非常少

② 比较少

③ 说不清楚

④ 比较多

⑤ 非常多

📖 **问题 4.24** 请问，您认为您或同学转到其他专业的最主要的原因为：

① 满足个人兴趣

② 增强就业竞争力

③ 发挥个人能力特长

④ 目标专业在本校实力更强

⑤ 目标专业与现在所在专业相关

⑥ 其他（请注明）_____

📖 **问题 4.25** 请您综合考虑各种因素，评价本科生转专业的利与弊：

① 弊端远远大于益处

② 弊端比较大于益处

③ 利弊差不多，无法明确判断

④ 益处比较大于弊端

⑤ 益处远远大于弊端

📖 **问题 4.26** 请问，您是否转过专业（或者有转专业的意向）？

① 没有意向

② 有意向但没转专业

③ 已转专业（请填写专业名称）_____

问题 4.27—问题 4.30 是关于修读第二学位（或辅修其他专业）的问题设计。

📖 **问题 4.27** 请问，您所在专业修读第二学位的人数为：

① 非常少

② 比较少

③ 说不清楚

④ 比较多

⑤ 非常多

📖 **问题 4.28** 请问，您认为您或同学修读第二学位、辅修其他专业的最主要的原因为：

① 满足个人兴趣

② 增强就业竞争力

③ 发挥个人能力特长

④ 该专业在本校实力更强

⑤ 与主修专业相关

⑥ 其他（请注明）＿＿＿＿＿＿＿＿＿＿＿＿＿＿

📖 **问题 4.29** 请您综合考虑各种因素，评价本科生修读第二学位的利与弊：

① 弊端远远大于益处

② 弊端比较大于益处

③ 利弊差不多，无法明确判断

④ 益处比较大于弊端

⑤ 益处远远大于弊端

📖 **问题 4.30** 请问，您是否修读（或意向修读）第二学位或辅修其他专业?

① 没有意向

② 有意向但没修读

③ 已修读（请填写专业名称）＿＿＿＿＿＿＿＿＿＿

问题4.31—问题4.34是关于课程选修的问题设计。

📖 **问题 4.31**　请问，您认为本学期的课程总量是多还是少？

　　① 非常少

　　② 比较少

　　③ 说不清楚

　　④ 比较多

　　⑤ 非常多

📖 **问题 4.32**　**有很多人认为专业选修课对专业知识学习有益，也有很多人的意见正好相反。请问，您认为专业选修课对专业课程学习的影响是：**

　　① 能够促进专业课程的学习

　　② 反而阻碍专业课程的学习

　　③ 不清楚

📖 **问题 4.33**　请您综合考虑各种因素，评价自己课程选修的满意程度为：

　　① 非常不满意

　　② 比较不满意

　　③ 说不清楚

　　④ 比较满意

　　⑤ 非常满意

📖 **问题 4.34**　请您综合考虑各种因素，评价您对所在专业的专业选修课程设置的满意程度为：

　　① 非常不满意

　　② 比较不满意

　　③ 说不清楚

　　④ 比较满意

⑤ 非常满意

二、校园生活和课外活动问题设计

在校园生活中，食堂饭菜和服务的质量经常被大学生关注。正因为这个原因，各高校都想方设法提高学校食堂的饭菜和服务质量。与此同时，课外活动是大学生多彩多姿的校园生活中必不可少的组成部分。因此，完善体育设施设备，强化体育活动越来越为政府和校方所重视。下面以体育活动与学校食堂的饭菜和服务质量为例，来说明相关的问题设计。

问题4.35—问题4.38是关于体育活动的问题设计。

📖 **问题4.35**　请问，您所在学校的体育场所和设施的充足程度为：
①　非常不充足
②　比较不充足
③　说不清楚
④　比较充足
⑤　非常充足

📖 **问题4.36**　请问，您所在学校的体育场所和设施有没有得到充分利用？
①　根本没有充分利用
②　比较没有充分利用
③　说不清楚
④　比较得到充分利用
⑤　完全得到充分利用

📖 **问题 4.37** 对于"适当的体育活动有益于身心健康"这个观点，有部分专家完全赞同。当然，也有部分专家持明确的反对意见。请问，从您自身参加体育活动的经验来看，您赞同这个观点的程度是：
① 非常不赞同
② 比较不赞同
③ 说不清楚
④ 比较赞同
⑤ 非常赞同

📖 **问题 4.38** 请问，与身边的同学相比，您平时经常参加体育活动吗？
① 很少参加
② 比较少参加
③ 说不清楚
④ 比较多参加
⑤ 常常参加

问题4.39—问题4.42是关于学校食堂的饭菜和服务质量的问题设计。

📖 **问题 4.39** 请问，您对所在学校的食堂（最经常就餐的食堂）的饭菜的满意程度为：
① 非常不满意
② 比较不满意
③ 说不清楚
④ 比较满意
⑤ 非常满意

📖 **问题 4.40** 请问，您对所在学校的食堂（最经常就餐的食堂）的服务质量的满意程度为：
① 非常不满意
② 比较不满意
③ 说不清楚
④ 比较满意
⑤ 非常满意

📖 **问题 4.41** 请问，您对所在学校的食堂（最经常就餐的食堂）的设施、设备的满意程度为：
① 非常不满意
② 比较不满意
③ 说不清楚
④ 比较满意
⑤ 非常满意

📖 **问题 4.42** 请问，与同城其他大学的食堂相比，您所在学校的食堂（最经常就餐的食堂）的整体质量为：
① 很低
② 比较低
③ 差不多
④ 比较高
⑤ 很高

三、职业规划和就业问题设计

随着我国高等教育大众化的发展，大部分本科生毕业后都必须进入劳动力市场就业。但是，由于本科生规模不断扩大，这些本科毕业生面临着较大的就业压力，其中还有一些本科生陷入就业难，甚至毕业即失业的困境。为此，很多专家建议，应该从两个方面着手来解决这个问题：第一，调整本科专业的设置，强化专业课程知识与劳动力市场的联结；第二，采取完善措施，建立相应的制度体系，强化在校本科生的职业规划和就业培训。而且，研究者发现，如果本科生不明了上大学和专业学习对职业与就业的重要意义，也无法产生较强的专业课程学习的动机。为了实现上述改革目的，寻找最有效的决策，首先必须把握现状特征和问题所在。问卷则是这类研究最常用工具和方法。下述问题就常常出现在相关调查问卷中。

问题4.43—问题4.46是关于职业规划的问题设计。

问题4.43 请问，您现在对本科毕业后的职业规划的明确程度为：

① 非常不明确

② 比较不明确

③ 说不清楚

④ 比较明确

⑤ 非常明确

问题4.44 请问，您本科毕业后的职业规划与当前所学专业课程的知识技能之间的密切程度为：

① 非常不密切

② 比较不密切

③ 说不清楚

④ 比较密切

⑤ 非常密切

📖 **问题 4.45** 请问，您对所在学校的职业指导的满意程度为：

① 非常不满意

② 比较不满意

③ 说不清楚

④ 比较满意

⑤ 非常满意

📖 **问题 4.46** 请问，与入学时的职业理想相比，您现在的职业规划的
变化程度为：

① 没有任何变化

② 有一些变化

③ 中等程度的变化

④ 比较大的变化

⑤ 很大的变化

问题4.47—问题4.50是关于就业的问题设计。

📖 **问题 4.47** 请问，您觉得自己在毕业后可能找到令自己满意的工
作吗？

① 非常没有可能

② 比较没有可能

③ 说不清楚

④ 比较有可能

⑤ 非常有可能

📖 **问题 4.48** 请问，您觉得当前的专业课程学习对毕业后找到满意工作的促进程度为：
① 非常小
② 比较小
③ 说不清楚
④ 比较大
⑤ 非常大

📖 **问题 4.49** 请问，您对当前本专业毕业生工资的满意程度为：
① 非常不满意
② 比较不满意
③ 说不清楚
④ 比较满意
⑤ 非常满意

📖 **问题 4.50** 请问，与所在大学其他专业相比，您所在专业的毕业生就业的难易程度为：
① 很困难
② 比较困难
③ 差不多
④ 比较容易
⑤ 很容易

四、恋爱婚姻问题设计

对于已经长大成人的本科生来说，婚恋是绝对绕不开的敏感话题。甚至有学者认为，高校客观上就发挥了为促进个体婚恋提供空间场所的功能。当然，对于如何应对本科生的婚恋需要以及寻找处理因此而产生的诸多问题的有效方法，我国高校和政府的相关管理部门仍在不断探索之中。即使仅从专业课程学习的角度来看，对具有婚恋需要的青年学生来说，这类需要如果无法得到正常满足，势必会影响专业学习的顺利进行和学习成果。所以，研究者非常关心本科生当前的婚恋状态以及在婚恋过程中是否碰到了问题。以下是相关问题设计的常见类型。

　　问题4.51—问题4.54是关于恋爱的问题设计。

📖 **问题4.51**　据调查，现在的高校中，谈恋爱的本科生数量较多。请问，您身边这样的同学多吗？
　　① 非常少
　　② 比较少
　　③ 说不清楚
　　④ 比较多
　　⑤ 非常多

📖 **问题4.52**　据调查，现在的高校中，本科生更换男/女朋友的速度很快。请问，您身边这样的同学多吗？
　　① 非常少
　　② 比较少
　　③ 说不清楚
　　④ 比较多
　　⑤ 非常多

📖 **问题 4.53** 对大部分人而言，每个人的心里都有着他/她自己的白雪公主/白马王子。请问，与您心目中曾经的那个他（她）的理想形象相比，您对现在的男/女朋友的满意程度为：

① 远远低于理想形象

② 比较低于理想形象

③ 说不清楚

④ 比较高于理想形象

⑤ 远远高于理想形象

⑥ 现在没有男/女朋友

📖 **问题 4.54** 有专家说，本科期间谈恋爱会影响专业学习；也有专家说，本科期间谈恋爱有利于专业学习。请问，您如何看待恋爱与学习之间的关系？

① 恋爱非常阻碍专业学习

② 恋爱有点阻碍专业学习

③ 说不清楚

④ 恋爱对专业学习有一定程度的促进

⑤ 恋爱对专业学习有很大程度的促进

问题 4.55—问题 4.58 是关于婚姻的问题设计。

📖 **问题 4.55** 请问，在您身边，已经结婚的本科生同学多吗？

① 非常少

② 比较少

③ 说不清楚

④ 比较多

⑤ 非常多

📖 **问题 4.56** 请问，您觉得自己在本科阶段结婚的可能性有多大？
① 非常小
② 比较小
③ 说不清楚
④ 比较大
⑤ 非常大

📖 **问题 4.57** 有专家说，本科期间结婚会影响专业学习；也有专家说，本科期间结婚有利于专业学习。请问，您如何看待结婚与本科学习之间的关系？
① 结婚非常阻碍专业学习
② 结婚有点阻碍专业学习
③ 说不清楚
④ 结婚对专业学习有一定程度的促进
⑤ 结婚对专业学习有很大程度的促进

📖 **问题 4.58** 有诗人说，婚姻是爱情的坟墓；也有诗人说，婚姻是爱情成功的象征。请问，您如何看待婚姻与爱情之间的关系？
① 婚姻是爱情的坟墓
② 婚姻是爱情成功的象征
③ 说不清楚

第五章
个体属性类问题设计

　　个体属性被认为是铸造个体学习心理、影响学习行为和决定学业成绩的最重要因素，但有关信息却很难精确地被测量和获取。最关键的原因是：个体属性事关个人的隐私，对其提问，就可能引起调查对象的反感，从而导致其不愿回答或故意错误回答。本章将分析如何设计更高质量的调查问题，以便更加有效和精确地获取个体属性相关的基本信息。以下在对个体属性分类的基础上，详细介绍个人属性和个人所在的家庭/社区属性相关的问题设计。

第一节　个体属性分类

　　在调查中，没有详细的个体属性问题的问卷只能是一张废卷。这是因为，调查者最终无法为所调查的行为特征和心理特征的多样性寻找出最终的原因所在。经过半个多世纪的问卷调查的经验积累，现在一般认为，个体属性是所有社会行为和社会心理发生的起点。

　　不同问卷所调查的个体属性不尽相同，这些多样化的属性可以从个人/群体、先天/后天两个角度来分类。在个人/群体的分类角度上，群体又可以按照范围从小到大划分为家庭、社区、地区和国家四个层次。其中，社区与地区的划分界限在有些场合比较模糊，故本书把二者合为一类。个体属性的两种划分角度交叉后形成的分类示例见表5–1所示。

　　当然，表5–1只是为了方便问卷调查而进行的粗略分类，具有相对性和可变性。有些后天属性，比如大学入学前的学校教育经历等，

表 5-1　个体属性的基本分类

个人／群体	先　天	后　天
个　人	性别、年龄、民族	身高体重、健康状况、大学入学前的学校教育经历、资格证书、恋爱婚姻、就业职业、财富收入
家　庭	家庭构成、成员关系、户口性质	父母学校教育程度、父母职业、家庭经济收入、家庭居住地
社区／地区	出生地、户口所在地	家庭居住地、迁移与流动
国　家	地理位置、民族构成、经济／社会／文化水平	经济／社会／文化发展状况[①]、社会／文化心理意识

在有些针对大学生的问卷调查研究中，是作为大学生的学习行为特征的既定影响因素，也就是类似于先天因素来看待的。本书中所呈现的问卷调查在设计时就是如此。再如，家庭居住地既可以归为家庭属性又可以归为社区／地区属性。

对于个体属性的官方统计和学术调查都比较多。在官方统计中，个体属性一般称为人口学属性。受此影响，很多学术研究也把个体属性称为人口学属性。相对于行为和心理类问题而言，个体属性类问题的用语选择和设计较为规范。但是，在个体属性调查中，仍然需要注意句子和词汇的选择及锤炼，以降低敏感性和威胁性。由于个体属性有关的调查问题比较多，本书基于我国的实际情况和设定的本科生问卷调查研究的需要，以下仅仅详细介绍部分个体属性类问题的设计。这些个体属性分别是：个人先天属性中的性别、年龄、民族；个人后天属性中的大学入学前的学校教育经历和所获得的资格证书；群体先天属性中的户口性质、户口所在地、家庭构成；群体后天属性中的父

---

① "经济／社会／文化水平"是静止、固定的概念，"经济／社会／文化发展状况"是运动、变化的概念。

母学校教育程度、父母职业、家庭经济收入、家庭居住地。

第二节 个人属性问题设计

一、个人先天属性问题设计

在教育领域的问卷调查中，我国研究者最关注个人的先天属性。这些属性是个体后天无论如何努力都无法改变的客观特征，所以，学校教育不管多么有效，但却不能使之改变。这样的个人先天属性主要有性别、年龄和民族等。相应的问题设计举例如下。

（一）性别问题设计

与性别有关的问题的常见设计如下。

📖 **问题 5.1** 请问，您的性别是：

　　　　① 男
　　　　② 女

当然，这样的针对性别的问题设计不是一点儿瑕疵都没有。这里的性别是指最初出生时的生物学性别。但是，越来越多的社会调查、生理学和医学研究都发现，实际上有很多双性人的存在，即生理上为某一性别，但心理上却为另一性别；或者某一时间段内心理上体现为一种性别，而另一时间段内心理上却体现为另一种性别。众所周知，个体的学习心理和学习行为都存在较为明显的性别差异，尤其是在青春期阶段。如果个体的学习行为和学习心理互相影响，作为研究者，我们就不能忽视上述实际生活中存在的性别的复杂性。而且，尽管存在着不少社会和法律层面的争议，国际社会的基本趋势是：对双性人及变性人表现得越来越宽容。总之，在不远的将来，这个性别复杂性及其与学习的关系也许会成为值得更深入研究的议题。

有鉴于此，在现在的社会情境下，让回答者理解无歧义的有关性别的问题设计如下。

📖 **问题5.2** 请问，您户口簿上登记的性别是：
① 男
② 女

有关性别的问题这样设计后，形式上就不存在理解的问题了。但是，大部分教育研究者都认为，调查对象对性别的自我认识比客观状况对社会行为的影响更大。所以，如何才能更好地解决这个问题，目前似乎并无有效的方法和明确的途径。在没有更好地解决之前，建议初学者仍然采取问题5.1的设计方式，以求稳妥。

（二）年龄问题设计

对年龄相关问题的调查，看似简单，实则不然。在问卷调查中，年龄有关的问题的常见设计如下。

📖 **问题5.3** 至填写问卷的时点，您是＿＿＿＿＿＿周岁。

有时候，研究者也可能采取选择题的方式。以下是本科生调查的一个有关年龄的选择题的设计形式。

📖 **问题5.4** 请问，至填写问卷的时点，您周岁（不满一岁的月数舍去）是：

① 18 岁及以下

② 19 岁

③ 20 岁

④ 21 岁

⑤ 22 岁

⑥ 23 岁

⑦ 24 岁及以上

如果仅仅作为类属对大学生进行人口学上的统计分类，问题5.3除了比问题5.4填写起来稍微麻烦一些之外，两种形式没有任何实质性区别。但是，如果把大学生的年龄作为解释变量，来说明另一个社会现象或社会行为，比如，大学生婚恋观，那两个问题就不一样了。这样设问背后的理论假设是：年龄影响婚恋观，即年龄较大的大学生的婚恋观越成熟。问题5.3的设计就比问题5.4的设计更能得到理想的数据。这是因为，如果回答者填写准确，问题5.3就能够获得所有人的真实年龄，而问题5.4的回答结果在统计时，就只能把18岁以下的当作18岁，24岁以上的当作24岁。如果这两部分人很多，结果就会有较大偏差。但是，如上所述，因为问题5.3需要回答者动笔填写，有可能会降低回答者的答题意愿。

而且，问题如何设计还要看调查时调查对象所处的高等教育制度体系本身的内在特征。问题5.4的设计就不适合美国、加拿大等国的高等教育体系。这是因为，在这些国家的高校里，成人学生所占的比例很大，学生年龄分布的范围非常广。但是，对我国现在的高校在校本科生而言，大部分本科生的年龄都集中在19—24岁的年龄段里。所以，当其他条件（比如，抽样）近似时，这两个问题设计所获得的年龄数据并没有什么本质上的区别。

另外，还要根据调查目的和调查对象来设计问题。如果研究目的就是要把握我国本科生中的大龄青年比例及其学习行为，问题5.4的设计显然不合适，还是问题5.3更好一些。如果想保留问题5.4的填写便利性，同时实现针对大龄青年本科的研究目的，问题5.4应该作如下修改（如问题5.5所示）。如果想研究低龄本科生的比例及其学习行为，则低龄一侧的选项设计就需要比较详细，这样的问题设计请参考问题5.6。

📖 **问题5.5** 请问，至填写问卷的时点，您的周岁是：
① 18 岁及以下
② 19 岁
③ 20 岁
④ 21 岁
⑤ 22 岁
⑥ 23 岁
⑦ 24 岁
⑧ 25 岁
⑨ 26 岁
⑩ 27 岁
⑪ 28 岁
⑫ 29 岁及以上

📖 **问题5.6** 请问，至填写问卷的时点，您的周岁是：
① 14 岁及以下

② 15 岁

③ 16 岁

④ 17 岁

⑤ 18 岁

⑥ 19 岁

⑦ 20 岁

⑧ 21 岁

⑨ 22 岁

⑩ 23 岁

⑪ 24 岁

⑫ 25 岁及以上

　　最后，需要注意的一点是：我们这里的问题设计是针对年龄较集中的高校本科生而言的。比如，一位研究者想研究不同年龄段的成人劳动者的高等教育经历和劳动收入之间的关系。这个研究就必须通过问卷调查，以获得有关成人劳动者的年龄、高等教育经历和劳动收入等方面的数据。对于这样的针对一般成人劳动者的问卷调查，有关年龄的问题的答项可以采取更为详细的分段的方法。一个可行的示例如下。

📖 **问题 5.7**　请问，至填写问卷的时点，您的周岁是：

① 15—20 岁

② 21—25 岁

③ 26—30 岁

④ 31—35 岁

⑤ 36—40 岁

⑥ 41—45 岁

⑦ 46—50 岁

⑧ 51—55 岁

⑨ 56—60 岁

⑩ 61 岁及以上

尽管很多学术调查的问卷往往仅仅提问年龄是多少岁，而不要求填写月和日，但对于教育学领域的研究来说，出生月份具有特别重要的意义。这是因为，出生月份的不同会带来个体入学时间上的本质差异。[①]尤其是出生月份为八月份与九月份的差异。比如，同一年的8月31日出生与9月1日出生，尽管他们在生物学上的意义差距不大，但是教育学上的意义就完全不同。这是因为，在我国的国民教育体系中，一般说来，从幼儿园起，前一类儿童（8月31日出生）就将永远比后一类儿童（同年9月1日出生）高一个学级。这就意味着，在一般情况下，二者一生的各级学校教育和就业机会都将有明显的差异。所以，对于个体来说，出生月份的教育意义和社会意义非同寻常。

对于本书设定的在校本科生调查来说，因为，调查对象都是处于一个特定的年龄段，所以，采取问题5.3的方式，提问周岁年龄也是可以的。但是，最好还是使用以月为单位的年龄计算方式。提问形式既可以是填空题，也可以是选择题，分别示例如下。

---

① 严格来说，这里的出身日期前应该加上限定词语，指明是公历（阳历）还是旧历（阴历）。但是，基于以下两个原因，本书没有使用限定语。第一，现在，在世界各国，公历（即西历）的使用越来越普遍。根本原因是，各国固有的传统历法因与客观实际偏离很大，已经不符合工作与生活的实际需要。第二，在我国高等教育的现实场域中，生日都是以公历来计算的。依据阴历来计算生日仅仅留存于部分家庭的生活空间中。

以下是关于本科生年龄调查的填空题。

📖 **问题5.8** 请问，您出生的时间是：

　　① ＿＿＿＿年

　　② ＿＿＿＿月

以下是关于本科生年龄调查的选择题。

📖 **问题5.9** 请问，至填写问卷的时点，您的周岁是：

　　① 18岁及以下

　　② 19岁

　　③ 20岁

　　④ 21岁

　　⑤ 22岁

　　⑥ 23岁

　　⑦ 24岁

　　⑧ 25岁

　　⑨ 26岁

　　⑩ 27岁及以上

📖 **问题5.10** 请问，您的出生月份是：

　　① 1月

　　② 2月

　　③ 3月

　　④ 4月

　　⑤ 5月

⑥ 6 月

⑦ 7 月

⑧ 8 月

⑨ 9 月

⑩ 10 月

⑪ 11 月

⑫ 12 月

（三）民族问题设计

我国是个多民族国家，已经确定的民族有56个，还有不少未经确定的少数民族存在。来自不同民族，尤其是少数民族的大学生的学习行为会有所不同。民族问题可以有三种设问形式。

📖 **问题 5.11** 请问，您属于哪个民族？（请填写在横线上）

_____

📖 **问题 5.12** 请问，您属于以下哪个民族？

① 汉族

② 少数民族

📖 **问题 5.13** 请问，您属于以下哪个民族？

① 汉族

② 壮族

③ 满族

④ 回族

⑤ 维吾尔族

⑥ 其他少数民族

问题 5.11 最为详细，但是对于回答者来说，填写比较麻烦；对于数据处理者来说，整理起来也比较麻烦。问题 5.12 最简单，但仅仅适用于观察少数民族和汉族之间差异的研究目的，作为分类的变量是可以的，作为自变量就略显粗糙而有所不足。问题 5.13 把人口超过一千万的少数民族全部罗列了出来。从统计学的角度来说，既照顾了样本的代表性，又避免了给回答者增添麻烦。但是，这样做可能会有意想不到的负面效应，即对回答效果的威胁。这样的设计多少会给调查对象不舒服的心理感觉，尤其是当调查对象恰巧被归到"其他少数民族"的类别中时，他可能就会不自觉地想："为什么我会是其他少数民族？"鉴于少数民族相关调查的实际难度，问题 5.13 这样的设计应当避免。

二、个人后天属性问题设计

在教育学和社会学研究中，个人的学校教育经历和获得的资格证书是最重要的后天获得属性。后天获得的个体属性具有时间上的相对性。对于本书设定的本科生研究来说，高中学历和学业成绩就是本科生的后天获得属性。但是，他们对于本科生的学业成绩来说，就是先天的，可以作为解释和说明变量来看待。同样，对于高中生学习的相关研究来说，高中学习行为和学业成绩则是初中阶段学业准备和积累的结果，一般作为被解释和被说明变量。

（一）学校教育经历问题设计

对于学生来说，最重要的个人后天属性是各级、各类学校教育的经历。对于本科生来说，则是大学入学前的从小学直到高中的所有学校教育的经历。问卷调查一般重点关注本科生的高中教育阶段，示例如下。

📖 **问题 5.14**　请问，您毕业的高中类型为：

① 省/自治区/直辖市级示范性普通高中

② 地市级示范性普通高中

③ 普通高中

④ 其他（请说明）＿＿＿＿＿＿＿＿＿＿＿＿＿＿＿＿＿＿

📖 **问题 5.15**　请问，您高中就读的班级是：

① 文科班

② 理科班

③ 不分科

📖 **问题 5.16**　请问，您高三时的学习成绩在年级中大约排＿＿名？

（请参照高三的几次模拟考试成绩填写排名数字）

📖 **问题 5.17**　请问，您高中三年获得优秀学生的情况为（按最高等级

选择一项）：

① 国家级

② 省/自治区/直辖市级

③ 地级市

④ 校级

⑤ 未获得

📖 **问题 5.18**　请问，您高中三年参加学科奥林匹克竞赛的情况为（按

最高等级选择一项）：

① 入选国家集训队

② 国家级一等奖

③ 国家级二等奖

④ 国家级三等奖

⑤ 省/自治区/直辖市级一等奖

⑥ 省/自治区/直辖市级二等奖

⑦ 省/自治区/直辖市级三等奖

⑧ 参加但未获得以上荣誉

⑨ 未参加

📖 **问题5.19** 请问，您高中三年担任学生（社团）干部的情况为（按最高层次选择一项）：

① 校级以上学生干部

② 校级学生干部

③ 年级学生干部

④ 班干部

⑤ 未担任

📖 **问题5.20** 请问，您在高中阶段是中共党员（含预备党员）吗？

① 是

② 否

（二）资格证书问题设计

在我国，为了有利于自己未来就业的选择和发展，大部分本科生在校期间都会去考取一些"含金量高"的资格证书。调查表明，本科生所青睐的资格证书有以下几种：大学英语四级/六级证书、其他外语考试证书、计算机等级证书、普通话等级证书、各种职业资格（教师资格、律师资格、会计资格等）证书。但是，与学历一样，证书的获得本身具有二重属性。对于本科生以后的人生发展来说，这些资格证书具有先天属性的原初资本价值。但是，获得这些证书也需要经历一个艰苦的努力过程，是大学生学习行为的有机组成部分，属于个体后天属性。问题设计示例如下。

📖 **问题5.21** 请问，大学期间，您是否通过了大学英语四级考试（英语专业则为专业英语四级考试）？

① 已通过

② 已参加考试但未通过

③ 未参加考试

📖 **问题5.22** 请问，大学期间，您是否通过了大学英语六级考试（英语专业则为专业英语八级考试）？

① 已通过

② 已参加考试但未通过

③ 未参加考试

📖 **问题5.23** 请问，大学期间，您获得了哪个级别的国家计算机考试等级证书（请选择最高等级的一项）？

① 一级

② 二级

③ 三级

④ 四级

⑤ 未获得

📖 **问题5.24** 请问，大学期间，您获得了哪个级别的普通话水平测试等级证书（请选择最高等级的一项）？

①一级甲等

②一级乙等

③二级甲等

④二级乙等

⑤三级甲等

⑥三级乙等

⑦未获得

问题 5.25　请问，大学期间，您是否获得了与所学专业相关的职业资格证书？

①是

②否

问题 5.26　请问，大学期间，您是否获得了与所学专业无关的职业资格证书？

①是

②否

第三节　家庭/社区属性问题设计

对于个体大学生来说，家庭属性因素和社区属性因素有时候很难区分。比如，既可以把家庭居住地看作家庭的属性因素，也可以把它看作所在社区的属性因素。本书在这里，把两方面合并考虑。当然，把家庭居住地看作哪一个层次上的属性因素，最终取决于研究的分析单位，如果以个体家庭为分析单位，则家庭居住地是家庭属性因素；

如果以社区为分析单位，则家庭居住地是社区属性因素。分析单位是指研究的内容或对象。大部分社会科学研究都以个体为分析对象，但也有一些研究以集体（个体的集合）为分析对象。比如，现在我国很多教育研究者非常关心本科生的语文成绩对综合学习成绩的影响。这个研究可以作如下假设：语文成绩优秀的本科生，其综合学习成绩也比较高。但具体研究设计的分析单位可以有所不同：一种是以个体学生为分析单位，选出80位学生，如果其中语文成绩（语文平均分）优秀的学生的综合成绩（综合平均分）也优秀，那么假设就得到了验证；一种是以集体为分析单位，选出10个班级，如果其中语文成绩（语文平均分）优秀的班级的综合成绩（综合平均分）也优秀，那么假设就得到了验证。尽管假设和研究设计都相同，但是分析单位不同。

一、家庭/社区的先天属性设计

户口性质、户口所在地、家庭构成是三个最重要的家庭/社区先天属性。

（一）户口问题设计

常见的户口性质的问题设计如下。

问题5.27 请问，您现在的户口为：

① 城镇户口

② 农村户口

③ 居民户口

④ 其他户口 _____

在我国，尽管现在户籍制度逐渐弱化或社会内涵逐渐转变，但是对个人来说，户籍仍然具有重要的政治、经济、社会和文化意义。比如，在升学和就业问题上，户籍仍然具有决定性意义。对于学术研究来说，更为关键的是：户籍在出生前就被社会决定，这一点几乎与性别相同。顺便说一下，在我国，有不少研究者对户籍制度持否定态度。这种态度略显片面。迄今为止，户籍制度在任何国家和任何历史时期都存在，并不是我国当今社会的独特事物。对于个体来说，不同国家的户籍制度之间的差异仅限于户籍所蕴含的政治、经济、社会和文化意义的差异。从学校教育的角度来说，几乎所有国家的各级、各类公立学校教育机会都与户籍有关。

常见的户口所在地的问题设计如下。

📖 **问题5.28** 您现在的户口所在地位于＿＿＿＿＿＿省/直辖市/自治区。

不同省/直辖市/自治区具有不同的政治、经济、社会和文化发展水平。这样一来，户口所在地就是家庭/社区的政治、经济、社会和文化水平的有效指标。而且，如问题5.28一样设问的答项，在以后的统计分析中，可以很容易地转化为东部、中部和西部三个地区的变量。与使用省份（直辖市/自治区）作为自变量相比，大部分研究者喜欢使用东部、中部、西部作为自变量。为此，也有些问卷设计者直接在问卷中的相应提问下，设置"① 东部"、"② 中部"、"③ 西部"等答项。这样设计固然简便，但是潜在的一个问题是：有些回答者对户口所在地的地理认识未必符合客观实际。比如，我们曾经做过一个访谈，回答者为来自中部某省县城附近（户口所在地）的本科生，该访谈对象就明确认为他的户口所在地为中国的东部，且是经济比较发达的地区。

📖 **问题 5.29**　请问，您现在的户口所在地是：

①直辖市

②省会城市

③计划单列市（如大连、青岛、宁波、厦门、深圳等）

④地级城市

⑤县城（县级市）

⑥乡镇

⑦农村

如前所述，即使农村户口和城市户口在政治制度意义上的区别消失，但是户口登记制度仍然存在，这在世界上任何国家都是如此。户口登记一般是在常住地地方政府管理部门进行。所以，户口所在地本身仍然是地区分割的代名词。它表示着地区间的经济、社会和文化教育水平之间的差异，即使是地区间的经济差异缩小了，但是地区间的社会和文化差异仍然存在。比如，法国著名教育学者皮埃尔·布尔迪厄（Pierre Bourdieu）就把家庭居住的空间差异作为文化资本的重要影响要素。

（二）家庭构成问题设计

家庭结构主要指家庭内的社会关系结构，它决定着学生入学前接受的家庭教育的质量。在学术研究中，对家庭结构的因素，主要考虑以下三个侧面：是核心家庭还是大家庭，二者的区别在于是否有祖父母同吃同住的情况，有些研究还会延伸到宗族；是单亲还是父母全在，主要考察家庭关系的和睦程度；兄弟姐妹的数量和构成，主要考察家庭内部的平均经济资源和社会资源的多寡。

📖 **问题 5.30**　请问，最近一年内，以下哪位老人和你与父母常住在一起

（连续半年以上）？

①祖父

②祖母

③祖父和祖母

④外祖父

⑤外祖母

⑥外祖父和外祖母

⑦非上述老人和我们常住在一起

⑧没有任何老人和我们常住在一起

📖 **问题 5.31**　请问，您来自单亲家庭吗？

①是

②否

问题5.31意在考察父母的婚姻关系。尽管目前学术界对父母婚姻关系对学业的影响程度尚存在争论，但一般都认为父母离异对子女学业的负面影响较大。单亲与否，即父母关系如何是比较敏感的话题。所以，若非特别需要，在问卷中尽量不要设计类似问题。如果确实因为研究需要而必须设计，那么，可以考虑以如下比较委婉的方式设计问题。

📖 **问题 5.32**　请问，最近一个月里，您的父亲和母亲是否吃住在一起？

①是

②否

或者设计成问题5.33和问题5.34的形式。

📖 **问题5.33** 请问，最近一年里，您觉得您的父亲和母亲之间的关系如何？

①非常差

②比较差

③一般，不好不坏

④比较好

⑤非常好

📖 **问题5.34** 请问，最近三个月里，您的父亲和母亲经常激烈争吵吗？

①非常多

②比较多

③不多不少

④比较少

⑤非常少

子女构成及其学习影响是教育学研究的重要内容。过去30年来，虽然我国政府严格实行"独生子女"的计划生育政策，但是，也存在灵活执行生育政策的地区，尤其是在广大农村，而且目前我国"二孩"政策已经普遍实施。调查表明，我国大部分家庭实际平均拥有子女量仍然在2个左右。从实际情况来看，农村地区可能还要高于这个数字。在核心家庭中，兄弟姐妹的数量和排行决定着家庭关系和家庭资源的多寡和可获得性。对于经济上不是很富裕的农村家庭的孩子来说，情况更是如此。所以，在研究中，设计兄弟姐妹的数量和排行相关的问题就非常重要。其设计示例如下。

📖 **问题 5.35** 请问，您有_____位兄弟姐妹？（独生子女请填"0"）

📖 **问题 5.36** 请问，在兄弟姐妹中，您排行第_____？（独生子女请填"1"）

二、家庭/社区的后天属性设计

父母学校教育程度、父母职业和家庭经济收入是家庭/社区后天属性中最被研究者关注的几个概念。父母学校教育程度常被视为家庭文化资本的核心指标，父母职业常被视为家庭社会资本的核心指标，家庭经济收入常被视为家庭经济资本的核心指标。另外，家庭居住地也是一个重要的家庭/社区的后天属性，具有综合性。这几个问题的设计示例如下。

（一）父母学校教育程度问题设计

父母学校教育程度的问题设计的示例如下。

📖 **问题 5.37** 请问，您父亲的最高受教育程度为：_____

请问，您母亲的最高受教育程度为：_____

①小学未毕业

②小学

③初中

④高中/中专

⑤大专

⑥大学本科

⑦研究生

父母学校教育程度的问题设计看似简单，实则不然。这是因为，在不同时代和地区，学制并不完全相同，国家之间的差距更大。为此，也有研究使用学年的方式，示例如下。

📖 **问题5.38**　请问，您父亲的最高受教育程度为：_____年

请问，您母亲的最高受教育程度为：_____年

使用"学年"这一概念在欧美国家比较流行，这样做有利也有弊。尽管使用学年后，在统计分析上相对变得容易，但是，同样的学年也许意义并不相同。以中美为例来比较说明。美国经常用12年学校教育来表示高中毕业，6年学校教育表示小学毕业。这样，高中毕业和小学毕业之间可以加减乘除，因为都是以"1年"为计量单位的。但是，我国从初中到高中，升学的选拔性要高于美国，从小学到初中也实际存在不同程度的选拔。这样，我国的12学年就不便于这样计算，即小学6年积累的人力资本与中学6年积累的人力资本并不等值。

（二）父母职业问题设计

父母职业的问题设计的示例如下。

📖 **问题5.39**　请问，现在，您父亲的职业为：

请问，现在，您母亲的职业为：

①政府机关/企事业管理人员、专业技术人员

②办事人员（如办公室普通职员、各类业务人员等）

③私营业主或个体经营（开店/经商/运输）

④技术工人/维修人员/手工艺人、服务人员（如营业员、

保安、收银员等）

⑤生产、制造、商业、服务业、建筑、采矿业体力工人

⑥农业、林业、畜牧业、渔业劳动者

⑦军人/警察

⑧无业、失业、下岗

⑨其他

社会学家尤其喜欢调查调查对象的父母职业，然而父母职业调查看似容易，实则异常困难。这是因为：第一，职业分类不容易。国家职业资格分类大典或类似文书中仅仅囊括了社会上的部分职业在内。第二，职业具有高度流动性。今天做这个工作明天也许就去做另一个工作了，基层劳动者更是如此。第三，职业（或行业）还具有很大的变动性。旧职业消亡和新职业产生都在不知不觉中频繁发生。如果分类过大，其实就缺乏了职业分类研究的本质意义。以职业为个体属性的既有调查研究，往往把一个偌大社会的五花八门的职业归结为少量的四五个社会阶层，甚至两个阶层（白领劳动者和蓝领劳动者）。试想一下，我国有14亿人口，才分为不到10个阶层，而每一个阶层都有着大致近似的社会、经济和文化水平，这是不可想象的。根据日常生活的经验大家都知道，哪怕是一个10人的小单位，不同员工的社会、经济和文化水平的差距也很显著。总之，分类过少就会掩盖社会变动和流动的实像，而自然就会得出错误的社会研究结论。

（三）家庭经济收入

家庭经济收入的问题设计的示例如下。

📖 **问题5.40** 请问，去年您的家庭经济收入大约在以下的哪个区间内（包括农产品、工资、奖金、补贴、分红、股息、经营性纯收入、银行利息等所有收入在内）？

① 5 000元及以下

② 5 001—10 000元

③ 10 001—30 000元

④ 30 001—80 000元

⑤ 80 001—150 000元

⑥ 150 001—300 000元

⑦ 300 000元以上

也可以采取填空的形式。

📖 **问题5.41** 请问，去年您的家庭经济收入大约是（包括农产品、工资、奖金、补贴、分红、股息、经营性纯收入、银行利息等所有收入在内）_____万元。

家庭经济收入的调查特别重要，因为经济资本决定着社会资本和文化资本。但是，在家庭经济收入调查中，目前还存在不少技术上的困难。第一个难点在于，准备衡量收入存量还是收入流量？第二个难点在于，准备衡量家庭整体收入还是雇佣劳动收入？第三个难点在于，如何划定收入统计的时间界限，一年还是三年？关于收入提问的回答率和回答的准确度不够有三个原因：第一，回答人确实不知道准确的收入情况。第二，即使当时知道，因为时间关系，回答时忘记了。其实，我们的调查经验表明，在有固定工作和经济收入稳定的劳动者群体中，很少有人能够记住劳动收入的准确数字。第三，家庭经济收入数据确实比任何数据都敏感，不愿意回答的调查对象很多。我们的问卷设计只能针对第三个原因进行改进。问题5.40就是比较合理的提问方法。分段还可以再粗一些。

（四）家庭居住地问题设计

家庭居住地的问题设计的示例如下。

📖 问题5.42　请问，您现在的家庭所在地位于 _____ 省/直辖市/自治区。

由于填写比较麻烦，为了避免给回答者增加麻烦，还可以修改如下。

📖 问题5.43　请问，您现在的家庭居住地是：
① 直辖市
② 省会城市
③ 计划单列市或副省级城市（如大连、青岛、宁波、厦门、深圳等）
④ 地级城市
⑤ 县城（县级市）
⑥ 乡镇
⑦ 农村

理论上，户口所在地与家庭居住地应该一致。但是，实际上，二者不一致的情况相当多。我们进行过的一个调查表明，我国目前的户口所在地与家庭居住地不一致的比例应该在30%左右。[①]主要是由农村劳动力流动、城市拆迁和子女就学等原因引起的。因此，在问卷调查中，把家庭户口所在地与居住地分开，更为合适。而且，由于我国社会的人口流动性逐渐增强，户口所在地和家庭居住地之前最好添加一些有关时间的限定词。比如，"最近3年或5年"。这样，以家庭居住地为例，提问就变成了"请问，最近3年，您的家庭居住地位于……"。

---

① 我们研究团队对此的多次调查的结果都保持在这个数字左右。

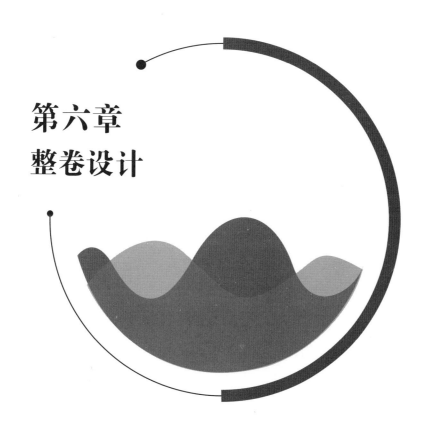

第六章
整卷设计

当各个部分的所有具体调查问题设计完成之后，就需要把这些不同内容的问题整合成一份完整的问卷。这个工作包括以下两部分主要内容：问卷的组织和安排以及保障整卷的质量。在传统的问卷调查设计过程中，有些问卷设计者往往忽视这一步骤。其实，整卷设计这一步骤非常重要，它所起的功能就像给一位即将登场表演的演员穿上合适表演服并调整其表演状态一样。如果舞台表演缺失了这一步，很难想象演员登台后会有上佳表现。问卷也是如此。

第一节　问卷的组织和编排

当所有的问题设计都完成后，就需要考虑按照问卷设计者公认的某些基本原则，把这些设计好的问题组织成可以发放的整卷。在组织和编排问题时，最重要的一个原则是：问卷设计者必须把相关他人的需要放在核心位置上来考虑。主要的相关他人有：问卷回答者、问卷调查员和问卷处理者[①]。从三者距离问卷设计者的关系来看，问卷回答者最远，问卷处理者最近。相应地，三者所受到的来自问卷的压力和影响的程度依次减轻。所以，整卷的组织首先要考虑回答者的需要，然后考虑问卷调查员的需要，最后考虑问卷处理者的需要。当然，最

---

① 有时候，研究者、问卷设计者、问卷调查员、问卷处理者是同一个或同一批人。有时候，则不一定一致。大部分时候，是不完全一致的。但是，对于初次接触问卷调查的硕士研究生来说，这几者的角色几乎同时都是由他本人担任的。

理想的方法是：问卷的组织和编排能同时满足上述所有人的需要。

一、整卷的基本结构

一个完整的问卷应该包括以下四个部分：调查名称、引语、正文和结束语（感谢辞）。对于正文的组织和编排，将在本书第147页中详细展开论述，这里简述其他三部分。

（一）调查名称

调查名称是问卷设计中最容易受到忽视的一部分。迄今为止，很少有书籍提及应该如何提炼调查名称。但是，实际上，在一张问卷中，再也没有比调查名称更重要的东西了。比如，回答者首先看到的就是名称，他对整个问卷的初始印象也来自调查名称。回答者对问卷的整体感受决定着他对调查的配合意愿。由此可以想见，认真设计调查名称的重要性。调查名称设计的一个重要方面是如何让调查名称与实际调查内容相称。从二者的关系而言，调查名称应该不大不小。不能概括调查的主要内容或超出调查内容的实际范围都是不合适的调查名称。另外，在词语和句子的选择上，调查名称与问卷其他部分的要求完全相同。

以调查本科生学习方式的问卷为例，可以直接取名为"本科生学习方式调查"。比较常见的错误是：在"调查"一词的后面，画蛇添足地加上"问卷"一词。还有些人喜欢在本科生前面加上一个大帽子，如"我国"或"中国"。如果不是全部高校或大部分高校的本科生的大样本抽样，加上这两个词都不太合适。有些人可能觉得"本科生学习方式调查"太实在，会取名为"本科生学情调查"。其实，"学情"的范围有点模糊，而且过于宽泛。此外，也许有些回答问卷的本科生不太能理解"学情"的感情色彩，会把它与社会"舆情"相联系，从而影响回答意愿。所以，本书拟使用"本科生学习情况调查"这样一个相对简洁明白的调查名称。

（二）引语

引语是位于问卷正文（一系列调查问题）之前的关于设计者的一段独白。

设计引语的主要目的是要告诉回答者：本调查的调查目的、数据处理方法和填答要求等，并对回答者表示衷心的感谢。有时候还需要加上调查队伍的名称，甚至包括调查资金的资助单位名称以及调查开始的大致时间，以强调问卷调查的真实性、正式性和重要性。

引语是引领问卷实施背景的主要素材。问卷背景则是能对回答者产生心理影响的情景暗示的总称。引语在编排形式上，比如，字体、间距和页面布局等方面应该与正文有所不同。以下是我们在最近实施的本科生学习情况调查问卷中使用的引语的例子。

亲爱的同学：

您好！非常感谢您抽出宝贵的时间填写问卷。本研究受到国家××××基金资助（项目批准号：×××××××××），主要目的是把握我国本科生的学习特点，发现问题并提出相应的改进建议。调查结果仅用于学术研究，您所填写的任何信息，我们将严格遵守《中华人民共和国统计法》并予以保密，请您放心。题目选项无对错之分，请按自己的实际情况选择或填写。如无特殊说明，选择题均为单选题，请在相应的答案上打勾。详细的资料是得出科学结论的重要依据，为获得详细的资料，本问卷设计了较多的题项，因此将会占用您30分钟左右的时间。

衷心感谢您的支持与配合！

××××大学××××研究所课题组

××××年××月××日

（三）结束语

使用结束语的主要目的是向回答者表达感谢。毕竟大多数回答者没有回答义务，都是自愿接受调查，填写问卷，并为填写问卷付出了一定的时间和精力。因此，问卷设计者不仅有义务让回答者在问卷填写过程中感到愉悦，还要在问卷填写结束时向他们真诚地道声"谢谢"。

有时候，在问卷结束的"谢谢"一词之后，再追加一些具有问卷设计者个人鲜明色彩的文字，如课题组成员的签名，则会起到更好的效果。在问卷填写完成之后，要欢迎回答者提出了解更多研究信息的要求，并尽量及时给予解答。最好将与研究有关的网页地址和联系方式告诉回答者，以便他们能方便地得到更多的与问卷相关的信息。另外，有时候，我们需要或希望进行追踪调查，让回答者保持好心情也对追踪调查的顺利进行有实际价值。

结束语部分在字体、格式和页面布局上也应与正文部分有所区别。

以下是我们所在的课题组在两个不同的问卷调查研究中使用的问卷结束语。

● **结束语例1：**

问卷到此结束，再次感谢您的合作，祝您生活愉快！

● **结束语例2：**

问卷到此结束，再次感谢您的合作，祝您生活愉快！

同时，为便于反馈调查的信息，请将您的联系方式（电话或电子邮箱）填写在下方横线上：

二、正文的各部分安排

如前所述，本书所设计的问卷的正文主要包括大学生的个体属性、学习行为、学习心理三大部分。实际上，只要是针对个体行为者的问卷调查，它所需要的整体问卷的正文内容，基本都必须包括调查对象的个体属性、行为表现和心理三部分。

如前所述，正文三个部分的安排一般按照学习行为、学习心理和个体属性的先后顺序进行。这主要是因为，三个部分要求填写的个人信息的敏感性依次增强。如此安排，就可以形成一个逐渐熟悉的过程，从而降低提问对回答者的心理威胁程度。但在某些特殊情况下，有些问卷也可能会打乱这个编排顺序。而且，有时候，根据对某一部分的特殊的信息需要，问卷调查最终设计的某一部分的调查内容可能会相对比较多。这时候，就要把调查内容较多的这一部分再细分为几个独立的模块。比如，本书计划调查本科生的学习行为。本科生学习行为包含的内容多种多样。对此，就可以进一步分为学业、生活和婚姻恋爱等具体部分。

个体属性中的一部分内容，如婚姻状况、学历、职业和收入等，在有些国家里，属于绝对的事关个人隐私的高度敏感信息。因此，非官方的学术调查很难对此加以详细询问。在有些国家甚至成为问卷调查的禁区。但是，如果调查方和调查对象双方有约在先，或者调查对象接受了调查方给予的某些优惠条件，比如说，接受了调查方提供的一定数量的咨询费，而愿意提供这些高度敏感的、个人属性的数据，则应另当别论。随着我国社会科学中研究伦理制度的不断完善，对敏感信息调查的官方控制将越来越严格。但绝不能因噎废食，或者从一个极端走向另一个极端，人为地设定本不应该存在的研究禁区，阻碍研究的顺利发展。

正文安排也要充分考虑不同国家的研究习惯。比如，我国研究者习惯于把个体属性放在问卷的开头部分。当然，现在则逐渐呈现向国际习惯靠拢的趋势。但二者仅仅是研究习惯的差异，实无优劣之分，并不像有些研究者所说的那样，个人属性部分放在问卷结尾部分更好，放在问卷开头则比较糟糕。实际上，个体属性部分的构成内容比较复杂，有些部分确实没有任何敏感性，不仅可以放在开头，也可以公开询问。而且，有些部分又特别容易回答，回答者回答起来无需经过任何思考，比如，性别和年龄。另外，这些信息相关的提问放在开头也更符合国人的交流习惯。其实，个人属性信息的敏感程度也具有个体差异性。也就是说，同样的个人属性有关的问题，可能有些人会觉得刺眼，而另外一些人则没有这种感觉。

三、系列问题的编排

任何调查问卷不仅都由很多部分组成，而且每一部分也都由一系列的问题构成。同一部分的不同问题的安排次序也会明显地影响回答的效果。在同一部分中，不同问题之间的先后顺序的安排，应遵循以下几个基本原则。

第一，系列问题安排要符合回答者对问卷的心理适应过程。尽可能地按照由易到难、由有趣到无趣、由熟悉到陌生、由不敏感到敏感的基本顺序安排不同问题的先后顺序。在这一点上，问卷调查与测试，甚至各种学业考试的试题编排的基本要求都一样。

第二，系列问题安排要符合事物发展的一般规律，尤其要注意时间先后和空间位置的关系。比如，询问本科生学校教育经历，最好按时间顺序，从小学到中学再到大学，尽量不打乱这个天然顺序。这样的问题安排比较符合人类认识的一般规律，让回答者易于回答。

第三，系列问题安排要符合事物、事件或活动发生、发展和结束的内在逻辑。比如，一个事件的现象、特征、原因、过程和结果的顺序。其背后的主要理由与第二点相同。

第四，系列问题安排时，要坚决避免放置孤立的问题。具体而言，不应当在一页的末尾或一系列内容相关问题的后面安排一个提问较短和答项较少的问题或内容完全不相关的问题。这是因为，在较短的回答时间内，这个孤立放置的问题常常会被回答者无意间忽视，即便问题不被回答者忽视，这样的安排也很突兀，会破坏整个问卷的美感，最终影响回答效果。

四、一个具体问题的编排

首先，每一个具体问题的提问和答项，尤其是答项要尽可能放在一个页面上。否则，不利于回答者阅读，从而影响回答质量。尤其在答项过多时，被孤置的答项更容易被遗忘。

其次，提问所使用的句子的长短要尽可能保证在一行之内。这不仅能够让整体问卷更为简短，还能够减少回答者的阅读时间，减轻其阅读负担，维持其回答兴趣，提高正答率。当然，提问的这个长度不包括情景叙述和解释部分。但是，情景叙述和解释部分也要充分简洁。

最后，多个答项尽可能竖向排列，争取一项一行。大部分问卷设计者习惯于将所有答项排在一行或两三行内。这样的编排方式仅仅考虑了调查成本。但从问卷调查的效果来看，它不符合人类从左到右和从上到下的阅读习惯，有可能降低问题回答的效果。即使因为经费不足的客观原因，不能够完全做到一项一行，也要尽可能在横排的数个答项之间留下足够的空间，以便于阅读。而且，放置于不同行的数个答项之间的间距最好保持一致。

五、问卷的印刷形式

理想的问卷应该是与画册同样精美的小册子。所以，如果经费允许，要尽可能提高问卷印刷的质量。即便经费受到限制，也应该在问卷的字形、页面布局和篇幅上多下功夫。

对于字形，一个简单的规则就是字号应当足够大，且比较清晰，字与字之间要留有适当的间距，使所有回答者阅读起来一点都不感到费劲。建议问卷中的汉字使用小四号宋体或类似字体。有些问卷设计者误以为使用较小字体可使问卷版面紧凑，整卷简短。但这样做可能导致回答者视觉疲劳，催生其厌答情绪，诱发其回答错误。回答提示语的字体应该特别醒目。提问和回答的字体也应有所不同。另外，要充分发挥汉字的斜体和粗体的区分及提示作用。

问卷的不同部分、不同问题、提问与答项之间均应留出一定的比电脑自动设定的行距要宽一些的空隙，且上述三个空隙的宽度应依次减少。页眉、页脚和页边距的空白也要尽可能宽一些。

小型调查的问卷内容应该保证不超过4页A4大小的纸，这样双面印刷正好是一张A3大小的纸。

第二节　问卷质量的主要保障手段

在问卷调查方法的长期发展过程中，世界各国的问卷调查研究者已经积累了不少成功的经验与失败的教训，并从中总结出了一些带有规律性的问卷设计的基本原则，概括出了问卷调查应有的基本过程与程序。如第一章所述，研究者一般认为，问卷调查的过程与程序主要包括确定研究目标、选择调查对象、设计问卷、预测问卷、提前同调查对象联系、发放问卷、跟踪不回答问卷、整理问卷数据和分析问卷数据九个部分。尽管不同的问卷调查可能在具体的实施过程和操作程序的详略上会有某些差异，但基本上都会包含上述这些过程与程序。上述各章也已经详细分析了针对不同调查内容的基本设计原则。只要严格按照这些基本原则的要求，沿着既定的基本程序和相应的步骤，进行问卷设计和实施调查，那么问卷质量就会一定程度地得到保证。在上述这些既定的问卷调查的程序和步骤中，研究者特别看重预测问卷这一环节对问卷质量保障的重要性。对于预测问卷这一环节，第一章已经有了比较详细的分析，尽管分析的视角有所不同。不过，实际上，根据问卷测试实施的具体方式和测试在问卷调查研究过程中所处的阶段，预测问卷又分为前测访谈和试调查两个基本环节。本节以下，重点介绍两个方面的内容：首先，分析如何在确定研究目标阶段反复确认使用问卷调查的必要性；其次，分别对预测问卷的前测访谈和试调查这两个质量保障的环节进行详述。

一、反复确认问卷调查的必要性

在确定研究目标阶段，反复确认问卷调查的必要性包括以下两方面的基本要求：第一，在时间上，必须在确定研究目标之后，再开始计划设计问卷；第二，在准备设计问卷之前，要反复查阅相关文献，确认可利用的现有资料存在的可能性。以下就对这两点分别说明。

第一，务必保证沿着从明确调查目标到设计调查问卷的时间流程。有些研究者，尤其是一些初学者总是急不可耐地着手设计问卷。在问卷设计好之后，才仔细考虑希望从问卷调查结果中获得什么。这样做，在研究程序上就显然是本末倒置了。尽管完全本末倒置的问卷调查研究并不常见，但是，研究程序一定程度上倒置的问卷调查研究却比比皆是。也就是说，研究者在没有完全想清楚想要通过问卷调查达到的具体的理论目的以及合适的调查对象之前，就开始设计问卷了。所以，保障问卷质量的一个首要要求就是：问卷设计一定要在明确了研究的目的和目标之后进行。在确定了研究的总体目标之后，先把总体目标分解为具体目标；然后，从具体目标中引出理论假设；根据这个理论假设，选择相应的需要调查的关键概念（自变量和因变量）；对关键概念进行合理的操作化，对已经操作化处理的概念进行问卷设计。

第二，谨慎使用问卷调查。在社会科学研究中，与其他的定量研究范式相比，问卷调查非常耗费时间、精力和财力。所以，使用问卷调查的一个基本前提是：能不需要通过问卷调查就能顺利进行、实现研究目标的社会科学研究，就尽量不使用问卷调查。确认问卷调查的必要性又分为以下两个方面的具体措施：一个方面的具体措施是：为了实现研究目标，是否一定要定量数据。有些研究目标可能使用定量数据和定性数据均可以实现，但有些研究目标却只能使用定量数据来实现。另一个方面的具体措施是：即使确定了研究目标，并确定该研究目标的实现需要定量数据，也未必意味着一定需要进行问卷调查这一方式。这是因为，从目前的情况来看，现存的各类问卷调查和统计数据已经很多，有些现存的数据可以经过合理的再分析，充分利用，就能够实现研究目标。为了做到对既有数据和统计资料的充分利用，就需要研究者对相关研究和既有数据库特别熟悉。这是在定量研究中，研究者进行文献阅读和文献综述所能实现的重要功能之一。这一点也体现了定量研究与定性研究的文献处理的不同之处。

二、前测访谈

前测访谈主要是收集同行（更为重要的是同一研究领域的专家）对问卷初稿的反馈，尤其是他们对问卷的修改意见。一般认为至少需要10位以上同行参与。同行专家对问卷的批评，提出的修改意见是问卷质量进一步提升的契机。没有任何一位研究者能够一次性就设计出完美无缺的问卷，哪怕是经验丰富的问卷调查专家，更不用说一位研究生或初入门的问卷调查人员了。在收集同行意见时，要明确告诉对方，阅读后需要对问卷提出一些修改建议。

然而，在大部分的时候，很难在短时间内找到足够数量的经验丰富的同行专家。即使找到，专家也未必有充分的时间、精力和意愿阅读问卷，并能够提出中肯的修改建议。所以，如果能够找到3位左右的专家同行，详细地征求意见就非常难得了。为了弥补这种缺陷，建议另外多找一些同学、同事、朋友或家人。他们有时可以替代同行，甚至能够发挥意想不到的"顾问"的作用。

问卷设计者对初步设计好的问卷的换位自我反思也是前测访谈很好的一种替代形式。所谓换位自我反思，即让问卷设计者扮演回答者来回答初步设计好的问卷。有时候，问卷设计者会吃惊地发现，他们自己竟然也无法回答自己设计好的看似"非常完美"的问题。

有时候，前测访谈的邀请对象还可以包含将要调查的对象中的少数样本。但邀请的具体数量不限，只要有两三位即可。主要目的是让他们试答一下问卷，再谈谈对问卷质量的看法，并提出修改意见。这种形式的前测访谈与下述的试调查在具体的操作形式上比较相似。

通过使用不同形式的前测访谈，并综合其结果，问卷设计者大致就能够确定问卷的设计是否便于回答，回答者是否能够理解问题，以及实际回答与预想回答之间的差距。通过这种方式，前测访谈常常能够及时反映出一些问卷设计者原来并没有意识到的问题，便于进一步改进调查问卷。

三、试调查

通过使用不同形式的前测访谈，问卷设计中的很多问题能够得到及时纠正。但是，不是所有的问题都能够通过前测访谈这一形式而发现。这是因为，通过前测访谈得来的修改意见主要是来自与问卷设计者地位近似的各类人员，而不是性质差异较大的调查对象。即使包含预定调查对象的前测访谈，也可能因为数量少而缺乏代表性。这时，就需要实施试调查。

试调查是把初步设计好并经过一定程度修改的问卷（至少是问卷设计者认为已经没有明显瑕疵的问卷），按照既定的调查程序，发放给较小样本的调查对象，然后通过对回答进行文本分析和数据处理，从中发现问卷设计中的明显问题。在试调查中，除去回答问卷之外，还可以让调查对象说出对问卷的感受，并对问卷提出修改意见。这时候，就要在问卷上留出特定的空间和作出相应的填答、书写感受和提出修改意见等方面的具体指示。

试调查与实际调查的区别在于：前者的样本比较小，而且抽样程序（甚至没有抽样过程）未必严格符合调查要求。在实际调查的过程中，在调查开始之初，往往有一个实地测试的调查步骤。有人常常将二者混淆。但是，试调查和实地测试在本质上是不同的。实地测试是正式调查过程的一部分，而试调查不是。打个比方来说：实地测试如同调试新机器，目的是把机器的功效调整到最佳状态；而试调查则是在创造新型机器的过程中，通过试验，改善机器设计，最终目的是进一步提高机器本身的内在性能，创造出性能更高、更好利用的新型机器。

在试调查的过程中，问卷设计者肯定会发现很多前测访谈中没有发现的问题。对于难以理解的问题就要认真修订，对于没有太大意义的问题则要立即删除。还要通过试调查，把握整卷和各部分的回答时间，保证最终问卷的整体所需时间和各部分所需时间之间的平衡。试调查也是发现排列顺序问题的重要手段。在试调查中，调查对象有可能会发现问卷前一部分的问题比较难以回答，或者前一部分的问题需要后一部分的问题作为背景来理解。对于前者，就需要修改问题；对于后者，则要调整问题的编排顺序。有时候，一个提问可能会存在若干个需要修改之处。

如果试调查中发现的问题仅仅是个别的或细枝末节的问题，那么对问卷进行简单的修改即可。如果发现的问题较多，问卷修改过多或者进行了一些实质性的修改，那么，就必须对修改过的问卷重新进行上述的各种检验过程，以切实保证问卷的质量。

第三节　整卷设计的案例

为了分析方便，本书在开头设计了一个研究议题。该议题的核心为"本科生学习方式对学习行为的影响"，通过"本科生学习情况调查"问卷来获取相应的数据。本书的上述各章就基本上围绕这个议题来展开对问卷设计的有关知识的系统介绍。在分析完问卷各个部分的具体设计之后，就需要把这些部分整合起来，构成一份各部分有机统一的问卷。本章第一节和第二节介绍了整卷设计的一些基本要求，以下介绍整卷的一个案例。

虽然理论上一张完整的问卷必须包括行为类问题、心理类问题和个体属性类问题，并把三部分按照一定的原则，先后依次排列。但是，在实际设计中，问卷设计者往往根据需要，把个体属性类问题分开，先将一部分最基本的个人属性类问题放在问卷开头，然后将一部分较为敏感的个人信息放在结尾部分。同时，对于内容较多的部分，根据实际情况，适当地再分为二个、三个或更多部分。这样一来，整个问卷最终究竟包含几个部分，实际上是依调查的目的和内容而定的。

而且，即使对于同一个研究题目，甚至问卷的同一部分或同一个问题，不同问卷设计者的问题设计也不尽相同。这一方面是源于不同研究者对同一个研究题目的问题所关注的核心所在不同；另一方面则来自不同问卷设计者的研究及问卷设计的经验积累和相应的设计理念的差异。

根据本书开头设计的研究议题，本章设计的具体问卷示例如下。在示例的问卷中，有些问题的设计选自或修改自本书上述各章中的设计举例，在此不再一一说明。如果有读者对最终的整卷感兴趣，请阅读本书的附录部分：本科生学习情况调查。

本科生学习情况调查

亲爱的同学：

　　您好！非常感谢您抽出宝贵的时间填写问卷。本研究受到国家××××基金资助（项目批准号：×××××××××），主要目的是把握我国本科生的学习特点，发现问题并提出相应的改进建议。调查结果仅用于学术研究，您所填写的任何信息，我们将严格遵守《中华人民共和国统计法》并予以保密，请您放心。题目选项无对错之分，请按自己的实际情况选择或填写。选择题均为单选题，请在相应的答案上打勾。

　　衷心感谢您的支持与配合！

　　　　　　　　　　　　　　　　　××××大学××××课题组

　　　　　　　　　　　　　　　　　××××年××月××日

第一部分　请回答您的基本信息

📖 **问题 1.1**　请问，您的性别是：
　　　① 男
　　　② 女

📖 **问题 1.2**　请问，您出生的时间是：

① _____ 年

② _____ 月

📖 **问题1.3** 请问，您是汉族吗？

① 是

② 否

📖 **问题1.4** 请问，您所在的高校的名称是：_____

📖 **问题1.5** 根据教育部最新的相关规定，我国所有高校的本科专业共分为12个大学科门类（不含军事学），包括：哲学、经济学、法学、教育学、文学、历史学、理学、工学、农学、医学、管理学、艺术学。请问，您所在的专业属于：

① 哲学

② 经济学

③ 法学

④ 教育学

⑤ 文学

⑥ 历史学

⑦ 理学

⑧ 工学

⑨ 农学

⑩ 医学

⑪ 管理学

⑫ 艺术学

第二部分　请回答您的高中学习经历

📖 **问题 2.1** 请问，您毕业的高中类型为：

① 省/自治区/直辖市级示范性普通高中

② 地市级示范性普通高中

③ 普通高中

④ 其他（请说明）＿＿＿＿＿＿＿＿＿＿＿＿＿＿＿＿

📖 **问题 2.2** 请问，您高中就读的班级是：

① 文科班

② 理科班

③ 不分科

📖 **问题 2.3** 请问，您高三时的学习成绩在年级中的大致排名是（请参照高三的几次模拟考试成绩填写排名数字）：

① 前 10%

② 前 11%—前 20%

③ 前 21%—前 30%

④ 前 31%—前 40%

⑤ 前 41%—前 50%

⑥ 前 51%—前 70%

⑦ 后 30%（不含正好处于后 30% 的情况）

📖 **问题 2.4** 请问，您高中三年获得优秀学生的情况为（按最高等级选择一项）：

① 国家级

② 省/自治区/直辖市级

③ 地级市

④ 校级

⑤ 未获得

📖 **问题2.5** 请问，您高中三年参加学科奥林匹克竞赛的情况为（按最高等级选择一项）：

① 入选国家集训队

② 国家级一等奖

③ 国家级二等奖

④ 国家级三等奖

⑤ 省/自治区/直辖市级一等奖

⑥ 省/自治区/直辖市级二等奖

⑦ 省/自治区/直辖市级三等奖

⑧ 参加但未获得以上荣誉

⑨ 未参加

📖 **问题2.6** 请问，您高中三年担任学生（社团）干部的情况为（按最高层次选择一项）：

① 校级以上学生干部

② 校级学生干部

③ 年级学生干部

④ 班干部

⑤ 未担任

📖 **问题2.7** 请问，您在高中阶段是中共党员（含预备党员）吗?

① 是

② 否

📖 **问题 2.8**　请问，您高考的总分（含各种加分）是＿＿＿＿＿＿＿＿。

📖 **问题 2.9**　请问，您参加高考的地区是＿＿＿＿＿省/直辖市/自治区。

📖 **问题 2.10**　请问，您入大学前，在高三复读过＿＿＿＿＿年（没有复读过请填"0"）。

第三部分　请回答您现在的学习情况

📖 **问题 3.1**　请问，上学期，您的学期GPA（平均绩点）是：
① 2.0以下
② 2.0—2.5
③ 2.6—3.0
④ 3.1—3.5
⑤ 3.6—4.0
⑥ 4.1—4.5
⑦ 4.6—5.0

📖 **问题 3.2**　请问，本学年，您的专业学习成绩在本专业所有同年级本科生中处于什么水平？
① 前10%
② 前11%—前20%
③ 前21%—前30%
④ 前31%—前40%
⑤ 前41%—前50%
⑥ 前51%—前70%
⑦ 后30%（不含正好处于后30%的情况）

📖 **问题3.3** 大学期间，获得学业奖学金是一件无限光荣但又非常困难的事情，一般一个专业只有少数同学才能获得。请问，您在上一学年度是否获得过以下学业奖学金？（请在符合您情况的地方打"√"）

奖学金名称	是	否
国家级奖学金	○	○
省/直辖市/自治区级奖学金	○	○
校级奖学金	○	○
其他奖学金	○	○

📖 **问题3.4** 大学期间，尽管大部分学生都很努力学习，但是，由于很多课程的内容量大，而且部分内容过于深奥，致使部分同学挂科。请问，您在上学期有过挂科的情况吗？具体情况是：

① 没有挂科

② 挂了1科

③ 挂了2科

④ 挂了3科及更多

📖 **问题3.5** 请问，大学期间，您是否通过了大学英语四级考试（英语专业则为专业英语四级考试）？

① 已通过

② 已参加考试但未通过

③ 未参加考试

📖 **问题3.6** 请问，大学期间，您获得了哪个级别的国家计算机考试等级证书（请选择最高等级的一项）？

① 一级

② 二级

③ 三级

④ 四级

⑤ 未获得

问题3.7 请问，大学期间，您获得了哪个级别的普通话水平测试

等级证书（请选择最高等级的一项）？

① 一级甲等

② 一级乙等

③ 二级甲等

④ 二级乙等

⑤ 三级甲等

⑥ 三级乙等

⑦ 未获得

问题3.8 每位大学生都有不同的学习风格、方法和方式。请根据

您在课程学习中的实际情况选择相应的选项。

问　　题	完全不符合或很少符合	有时符合	大概有一半符合	大部分时候符合	完全或几乎完全符合
○ 1. 有时候学习会带给我一种深深的内在满足感。	①	②	③	④	⑤
○ 2. 只有做了充足的准备之后再下结论，我才会满意。	①	②	③	④	⑤

（续表）

问 题	完全不符合或很少符合	有时符合	大概有一半符合	大部分时候符合	完全或几乎完全符合
○ 3. 实际上只要我专心投入，任何学习内容都会让我觉得非常有趣。	①	②	③	④	⑤
○ 4. 我经常花更多的时间去学习我感兴趣的知识。	①	②	③	④	⑤
○ 5. 学习学术性知识有时候就像阅读一本好小说或看一部好电影一样有趣。	①	②	③	④	⑤
○ 6. 为了完全理解新知识，我会自我测验。	①	②	③	④	⑤
○ 7. 因为学习内容有趣，所以我学习很努力。	①	②	③	④	⑤
○ 8. 课余我会花大量的时间学习课堂上讨论过的内容。	①	②	③	④	⑤
○ 9. 我会带着我尚未理解但想知道答案的问题进入课堂。	①	②	③	④	⑤
○ 10. 我特别重视去阅读老师在课上建议阅读的材料。	①	②	③	④	⑤

📖 **问题3.9** 请问，您是否转过专业（或者有转专业的意向）？

① 没有意向

② 有意向但没申请

③ 申请了但没转成功

④ 申请并成功转专业

📖 **问题3.10** 每位大学生都有不同的学习习惯、学习行为偏好。请问，您在本学期做以下事情的频率为：

问　题	从不	很少	有时	经常	总是
○ 1. 提前预习上课内容。	①	②	③	④	⑤
○ 2. 上课集中精力听老师讲解。	①	②	③	④	⑤
○ 3. 上课做好课堂笔记。	①	②	③	④	⑤
○ 4. 参与课堂提问、讨论。	①	②	③	④	⑤
○ 5. 在课堂上就某一主题做口头汇报。	①	②	③	④	⑤
○ 6. 在课堂上和同学合作，完成老师布置的学习任务。	①	②	③	④	⑤
○ 7. 与任课教师讨论考试分数或作业。	①	②	③	④	⑤
○ 8. 课后认真完成规定的阅读、作业或实验。	①	②	③	④	⑤

（续表）

问　　题	从不	很少	有时	经常	总是
○ 9. 课后向老师请教与课程内容相关的问题。	①	②	③	④	⑤
○ 10. 课后与同学就课程内容进行讨论。	①	②	③	④	⑤
○ 11. 学习专业以外的其他学科领域的知识。	①	②	③	④	⑤
○ 12. 参加学术讲座、学术报告。	①	②	③	④	⑤
○ 13. 参加科研项目。	①	②	③	④	⑤
○ 14. 进行课程要求以外的语言学习。	①	②	③	④	⑤
○ 15. 参加学术、专业类比赛。	①	②	③	④	⑤
○ 16. 利用图书馆资源获取学习资料。	①	②	③	④	⑤
○ 17. 利用网络搜索、在线学习等方式自主学习。	①	②	③	④	⑤
○ 18. 利用老师、同学提供的学习资料和信息。	①	②	③	④	⑤
○ 19. 向高年级同学请教学习的经验和方法。	①	②	③	④	⑤

（续表）

问　　题	从不	很少	有时	经常	总是
○ 20. 向辅导员咨询学习中遇到的困惑或问题。	①	②	③	④	⑤
○ 21. 向学校有关组织咨询学习中遇到的困惑或问题。	①	②	③	④	⑤

第四部分　请回答您的家庭情况

问题 4.1 请问，您现在的户口为：

① 城镇户口

② 农村户口

③ 居民户口

④ 其他户口_____

问题 4.2 请问，您现在的户口所在地是：

① 直辖市

② 省会城市

③ 计划单列市（如大连、青岛、宁波、厦门、深圳等）

④ 地级市

⑤ 县城（县级市）

⑥ 乡镇

⑦ 农村

问题 4.3 请问，您父亲的最高受教育程度为：

请问，您母亲的最高受教育程度为：

① 小学未毕业

② 小学

③ 初中

④ 高中/中专

⑤ 大专

⑥ 大学本科

⑦ 研究生

📖 **问题4.4** 请问，现在，您父亲的职业为：

请问，现在，您母亲的职业为：

① 政府机关/企事业管理人员、专业技术人员

② 办事人员（如办公室普通职员、各类业务人员等）

③ 私营业主或个体经营（开店/经商/运输）

④ 技术工人/维修人员/手工艺人、服务人员（如营业员、保安、收银员等）

⑤ 生产、制造、商业、服务业、建筑、采矿业体力工人

⑥ 农业、林业、畜牧业、渔业劳动者

⑦ 军人/警察

⑧ 无业、失业、下岗

⑨ 其他

📖 **问题4.5** 请问，您有_____位兄弟姐妹（独生子女请填"0"）；

在兄弟姐妹中，您排行第_____（独生子女请填"1"）。

📖 **问题4.6** 请问，最近一年里，您觉得您的父亲和母亲之间的关系如何?

① 非常差

② 比较差

③ 一般，不好不坏

④ 比较好

⑤ 非常好

问题4.7 请问，去年您的家庭经济收入大约在以下的哪个区间内（包括农产品、工资、奖金、补贴、分红、股息、经营性纯收入、银行利息等所有收入在内）？

① 5 000元及以下

② 5 001—10 000元

③ 10 001—30 000元

④ 30 001—80 000元

⑤ 80 001—150 000元

⑥ 150 001—300 000元

⑦ 300 000元以上

问卷到此结束，
再次感谢您的合作，
祝您生活愉快！
同时，为便于反馈调查的信息，
请把您的联系方式（电话或电子邮箱）填写在下方横线上：

_____

_____

主要参考文献

1. ［英］尤克赛尔·伊金斯（Yuksel Ekinci）. 问卷设计［M］. 于洪彦，译. 上海：格致出版社，上海人民出版社，2018.

2. ［美］罗伯特·彼得森（Robert A. Peterson）. 如何编制优质的问卷［M］. 王国川，译. 台北：五南图书出版股份有限公司，2012.

3. ［美］艾尔·巴比（Earl R. Babbie）. 社会研究方法［M］. 邱泽奇，译. 北京：华夏出版社，2009.

4. 鲍威. 扩招后中国高校学生的学习行为特征分析［J］. 清华大学教育研究，2009（1）.

5. 鲍威，陈亚晓. 经济资助方式对农村第一代大学生学业发展的影响［J］. 北京大学教育评论，2015（2）.

6. ［美］伊恩·布雷（Ian Brace）. 市场调查宝典：问卷设计［M］. 胡零，刘智勇，译. 上海：上海交通大学出版社，2005.

7. ［美］丹奈尔·D·史蒂文斯（Dannelle D. Stevens），安东尼娅·J·利维（Antonia J. Levi）. 评价量表：快捷有效的教学评价工具［M］. 陈定刚，译. 广州：华南理工大学出版社，2014.

8. ［日］大谷信介. 社会調査へのアプローチ論理と方法［M］. 京都：ミネルヴァ書房，2006.

9. ［英］戴维（Matthew David），萨顿（Carole D. Sutton）. 社会研究方法基础［M］. 陆汉文，等，译. 北京：高等教育出版社，2008.

10. ［美］Diane Kholos Wysocki. *Readings in social research methods*［M］. Beijing:

Peking University Press, 2004.

11. 佟立纯，李四化. 调查问卷的设计与应用［M］. 北京：北京体育大学出版社，2011.

12. ［美］Eric Jensen, LeAnn Nickelsen. 深度学习的七种有力策略［M］. 温暖，译. 上海：华东师范大学出版社，2010.

13. 风笑天. 社会调查中的问卷设计［M］. 天津：天津人民出版社，2002.

14. ［美］弗洛德·J·福勒（Floyd J. Fowler）. 调查问卷的设计与评估［M］. 蒋逸民，译. 重庆：重庆大学出版社，2010.

15. ［美］梅瑞迪斯·高尔（Meredith D. Gall），乔伊斯·高尔（Joyce P. Gall），沃尔特·博格（Walter R. Borg）. 教育研究方法（第六版）［M］. 徐文彬，侯定凯，范皑皑，等，译. 北京：北京大学出版社，2016.

16. 侯怀银. 教育研究方法［M］. 北京：高等教育出版社，2018.

17. ［瑞典］胡森（Torsten Husen），［德］波斯尔思韦特（T. Neville Postlethwaite），［澳］基夫斯（John P Keeves）. 教育大百科全书·教育研究方法［M］. 张斌贤，等，译. 重庆：西南师范大学出版社，2011.

18. ［英］科恩（Lewis Cohen），马尼恩（Lawrence Manyen），莫里森（Keene Morrison）著. 教育研究方法（第6版）［M］. 程亮，宋萑，沈丽萍，等，译. 上海：华东师范大学出版社，2015.

19. 刘良华. 教育研究方法（第二版）［M］. 上海：华东师范大学出版社，2014.

20. ［美］米歇尔·刘易斯－伯克（Michael S. Lewis-Beck），布里曼（Alan Bryman），廖福挺（Tim Futing Liao）. 社会科学研究方法百科全书［M］. 沈崇麟，杨可，郑晓娟，译. 重庆：重庆大学出版社，2017.

21. ［英］伊恩·门特（Ian Menter）. 教育科研实用指南［M］. 刘常庆，邱超，译. 上海：华东师范大学出版社，2015.

22. ［美］劳伦斯·纽曼（William Lawrence Neuman）. 社会研究方法：定性和定量的取向［M］. 郝大海，译. 北京：中国人民大学出版社，2007.

23. ［美］诺曼·布拉德伯恩（Norman Bradburm），希摩·萨德曼（Seymour Sudman），布莱恩·万辛克（Brian Wansink）. 问卷设计手册——市场研究、民意调查、社会调查、健康调查指南［M］. 赵锋，译. 重庆：重庆大学出版社，2011.

24. ［美］Lewis R. Aiken. *Questionnaires and Inventories: Surveying Opinions and Assessing Personality*［M］. New York: John Wiley, 1997.

25. ［日］立田慶裕. 教育研究ハンドブック［M］. 京都：世界思想社，2008.

26. ［日］盛山和夫. 社会调查法入门［M］. 东京：有斐阁，2010.

27. 史秋衡，郭建鹏. 我国大学生学情状态与影响机制的实证分析［J］. 教育研究，2012（2）.

28. 涂冬波，史静寰，郭芳芳. 中国大学生学习性投入调查问卷的测量学研究［J］. 复旦教育论坛，2013（1）.

29. 田美，陆根书. 学生感知的课堂学习环境、学习方式与对教学质量满意度的关系分析［J］. 复旦教育论坛，2016（1）.

30. ［美］威廉·维尔斯马（William Wiersma），斯蒂芬·G·于尔斯（Stephen G. Jurs）. 教育研究方法导论［M］. 袁振国，主译. 北京：教育科学出版社，2010.

31. 袁方. 社会研究方法教程［M］. 北京：北京大学出版社，2013.

32. ［澳］约翰·比格斯（John Biggs），凯瑟琳·唐（Catherine Tang）. 卓越的大学教学：建构教与学的一致性（第四版）［M］. 王颖，丁妍，高洁，译. 上海：复旦大学出版社，2015.

33. ［英］佐尔坦·德尔涅伊（Zoltan Dornyei），［日］龙谷田口（Tatsuya Taguchi）. 第二语言研究中的问卷调查方法（第二版）= *Queationnaire in Second Language Research（Second Edition）*［M］. 北京：外语教学与研究出版社，2010.